漫画图解·口才书系

U0730387

1分钟掌控谈判
快速达成合作的
42个谈判技巧

黄国扬　李雪松◎著

人民邮电出版社

北　京

图书在版编目（CIP）数据

1分钟掌控谈判：快速达成合作的42个谈判技巧 / 黄国扬，李雪松著. -- 北京 ：人民邮电出版社，2021.3
ISBN 978-7-115-55090-3

Ⅰ. ①1… Ⅱ. ①黄… ②李… Ⅲ. ①谈判学－通俗读物 Ⅳ. ①C912.35-49

中国版本图书馆CIP数据核字(2020)第207521号

内 容 提 要

　　无论是在工作中还是在生活中谈判的场景比比皆是，然而很多人并不懂得什么是真正的谈判。真正的谈判是以彼此的利益、文化背景、价值观为前提，采取相应的谈判技巧，实现双赢的。本书旨在通过讲解谈判原则和技巧，让读者正确认识谈判，帮助读者解决谈判中遇到的问题，达到共赢的谈判目的。本书中讲的谈判技巧不但适用于销售中，也适用于日常生活中。

　　本书适合对谈判感兴趣或者希望掌握一定的谈判技巧，让自己的社交、职业生涯更加顺利的读者阅读。

◆ 著　　　　黄国扬　李雪松
　　责任编辑　单元花
　　责任印制　陈　犇

◆ 人民邮电出版社出版发行　　北京市丰台区成寿寺路 11 号
　　邮编　100164　　电子邮件　315@ptpress.com.cn
　　网址　https://www.ptpress.com.cn
　　三河市祥达印刷包装有限公司印刷

◆ 开本：880×1230　1/32
　　印张：6.5　　　　　　　　　　2021 年 3 月第 1 版
　　字数：139 千字　　　　　　　2021 年 3 月河北第 1 次印刷

定价：49.80 元

读者服务热线：(010)81055493　印装质量热线：(010)81055316
反盗版热线：(010)81055315
广告经营许可证：京东市监广登字 20170147 号

前言
PREFACE

　　无论是在生活中还是在工作中，谈判的场景比比皆是，并且近几年来，谈判一直是一个热门话题，越来越受到人们的关注。

　　在传统谈判中，大多数谈判者只会把谈判当成一次简单的对话。在对话的过程中，他们常常因为意见不一致而产生冲突。当冲突产生的时候，他们通常会采取两种解决方式。

　　第一种，为了解决冲突，一方选择无条件妥协，满足另一方提出的要求。

　　第二种，面对冲突，双方据理力争，最终使矛盾激化。

　　无论是哪一种解决冲突的方式，双方的关系都属于互相对抗的竞争关系。在这种关系下进行谈判，只会损害一方甚至双方的利益，这不是真正意义上的谈判。

　　真正意义上的谈判是以彼此的利益、文化背景、价值观为前提，运用谈判技巧找出解决问题的对策，达成共识的对话。真正意义上的谈判需要解决立场不同的问题，寻求共同利益。换句话说，真正意义上的谈判不是某一方取胜，而是谈判双方能够实现共赢。

　　所以，优秀的谈判者往往不会把谈判当成一次简单的对话，他们会根据对谈判对手的了解，采取相应的谈判技巧，实现双赢。

本书中的谈判技巧不但适用于销售中的谈判，而且适用于生活中的谈判。销售谈判是指销售工作中所涉及的谈判，如销售员与客户之间的谈判、服务员与顾客之间的谈判、产品供应商与采购商之间的谈判等。生活中的谈判是指日常生活中因为意见不同但又希望达成自己的愿望而与他人进行的协商、谈判，如与朋友一起出门旅行希望通过协商、谈判让对方配合自己达成一些愿望等。

本书分为八章，具体、详细地阐述了谈判的目的及谈判的 42 个技巧，能够帮助谈判者掌握谈判技巧，提升谈判能力，实现双赢。

第一章介绍谈判成功的前提是明确谈判的目的。本章结合实际案例明确阐述了谈判的目的是聚焦利益，实现共赢。

第二章从谈判的本质切入，结合实际案例阐述了谈判的本质是解决冲突，然后详细地阐述了如何正确认识冲突，最后通过对比的方式让读者清楚地认识到传统谈判与合作谈判的区别，以及如何正确认识合作谈判。

第三章讲机会是留给有准备的人的，谈判的机会也是如此。因此，谈判者在谈判前要收集谈判信息、认清谈判使命。此外，谈判者还要充分挖掘自身优势，树立谈判目标、设置谈判预算方案、预留退路，以及创造最佳谈判情景。谈判者做好这些准备，能够让谈判顺利开展。

第四章讲谈判是一个复杂多变的过程，难免会遇到各种障碍和陷阱。因此，谈判者必须掌握扫除相关障碍的方法。常见的障碍和陷阱有情绪障碍、压制障碍、沟通陷阱、谈判禁忌、情感差异和文化差异。

第五章介绍在与对方进行正面交锋时，要采取何种方式？一般来说，正面交锋要掌握的攻略是盯紧谈判核心目标，并要懂得开出高于预期的条件。

第六章讲让步策略也是促进谈判顺利进行的关键。因此，谈判者要知道谈判过程中应该如何让步。

　　第七章讲终局攻略，主要阐述了谈判最后要采取何种方式，促进双方获得双赢的局面。

　　第八章主要讲述的是谈判力的提升方式。这部分内容为读者提供了可实际操作的具体技巧。谈判者可以采取这些技巧，不断地提升自己的谈判力。

　　本书可以让读者正确认识谈判，并且能够为读者提供系统、有效、可实操的谈判技巧。如果你对谈判感兴趣或者你希望掌握一定的谈判技巧，让自己的社交或职业生涯更加顺利，那么你可以阅读本书。请翻开本书，让自己成为一名名副其实的谈判高手吧！

目 录
CONTENTS

第一章
CHAPTER 1

谈判的目的

谈判是遵循一定的原则和技巧，聚焦双方利益，实现共赢的过程。

01　谈判的目的：聚焦利益，实现共赢

谈判在生活中是一件常见的事情，很多人都要面对谈判。但是，真正懂得谈判的人并不多。

绝大多数人会将谈判当成一次"战斗"，他们的最终目的是打败谈判对手，取得胜利。在"战斗"中，他们会采取一切能够让对方认同自己的策略，以达到自己的目的。但是，采取这种谈判方式不但不利于达到谈判目的，反而会使双方关系破裂。

全球知名谈判顾问公司 Scotwork 调研发现，在 5000 多位全球顶尖企业的高管中，只有 20% 的人认为谈判会令双方关系强化，有 17% 的人认为谈判没有或很少为公司创造了长远价值，有 57% 的人认为很难确认他们通过谈判得来的具体收益。由此可见，即使是顶尖企业的高管，大部分人也把谈判看作要分出胜负的"战斗"而不是实现共赢的过程。

因此，我们要想实现谈判成功，首先就要重新认识谈判，了解以往谈判中存在的问题，以及有效的谈判要如何进行。

为什么在传统谈判中，谈判者费尽口舌依然达不到谈判目的？究其原因主要有以下几点：

谈判者始终坚定自己的立场；

谈判者的最终目的是自己获利；

谈判者无法正确认识冲突；

谈判者不能理性控制自己的情绪；

谈判者把谈判对手当成自己的敌人；

谈判者关注的点是谈判对手；

谈判者没有充分的自主性去争取双赢的结果。

传统谈判存在的典型问题是立场问题。举个例子,某品牌销售员与客户进行谈判。谈判的时候,双方都会坚持自己的立场。销售员的立场:"我是品牌方,必须将自己的产品销售给对方,为自己争取更多的利益。"客户的立场:"我是购买者,要维护自己的利益,以最低的价格购买产品。"这种情况下,双方很难平等协商,只会站在自己的立场上据理力争,最后必然会产生冲突。

只会站在自己的立场是上谈判,
最后必然会产生冲突。

其实,谈判本身就是一个不断产生冲突,不断解决冲突,然后让双方达成共识的过程。但是在传统谈判中,谈判者并不能正确认识冲突。他们会将冲突看成谈判对手对自己的攻击，进而会想尽办法"以牙还牙"。例如，商家与顾客因为价格问题产生冲突。在传统谈判中，商家很可能为了维护自己的利益说："我的产品质量非常好，所以没有办法给你优惠。你要是嫌贵，你可以不买。"这种说法一定会激发顾客的负面情绪。顾客可能会说："你的产品不值这个钱，我也不想买你的东西。"这个时候双方的矛盾会被激化，进而导致谈判这场"战争"愈演愈烈。

在传统谈判中，谈判者一般做不好自我情绪管理，他们往往会将谈判对象当成自己的发泄对象。尤其是当对方反驳自己的观点时，他们甚至会谩骂对方，最终无疑会导致"两败俱伤"。

总的来说，传统谈判的关注点始终在谈判对手身上。他们在谈判活动中采取的所有策略，都是为了打败"敌人"，让自己取得胜利。但是，即便打败了对手，自己也无法达到目的，并且会导致双方的关系破裂，影响后续的谈判工作。

因此，真正意义上的谈判并不是将谈判对手当成敌人，而是要淡化立场，将对方当成朋友，与对方平等协商，以达成一致意见，让双方都得到自己应有的利益。

实际上，谈判不是一个必须"你死我亡"的过程，谈判双方的利益并非对立的。

> 约翰拥有一艘帆船，最近他因为搬家而要卖掉这艘船。他根据市场行情定下一个市场价格，在登出广告不到 24 小时，电话响起。一个叫斯汀的人对约翰的船感兴趣，他想讨价还价。
>
> 约翰告诉斯汀："这个价格和之前附近的一艘类似的帆船的

> 成交价是一样的，但是，我的船的停泊位所在的港口属于当地的船会，要成为会员才能租用。我是他们的资深会员，而船会的入会轮候名单很长，所以我建议以定价减一元的价格将船卖给你，你要付所有的维护费用，让我随时可以用这艘船，同时我继续付会费和租用停泊位。"斯订听了之后很开心，因为可以以公平的价格买到一艘好船，同时不用操心停泊位的问题。约翰也开心，因为他可以随时用这艘船，同时不用负责维护。

谈判双方的利益并不是对立的。

再举一个例子。

> 普林斯顿大学曾邀请爱因斯坦到美国工作，并询问爱因斯坦的薪酬期望。爱因斯坦的回信："不少于 3000 美元，除非你们认为再少点儿也可以让我维持生计。"普林斯顿的校长收到爱因斯

> 坦的回复之后，竟然说："我们将为您提供每年 15000 美元。"
> 这不仅是 20 世纪 30 年代的薪酬，还是爱因斯坦要求薪酬的 5 倍，
> 爱因斯坦当然欣然接受了这个薪酬。
>
> 　　这和我们平时所认识的谈判好像完全不一样。关键在于，校
> 方的目的好像不在于降低爱因斯坦的要价，而在于显示爱因斯坦
> 的价值和展示自身的诚意，同时获得爱因斯坦对普林斯顿大学的
> 好感。

　　以上两个案例说明了一个观点：**谈判双方的利益并不是对立的。**
高明的谈判专家，从不会把谈判对手当成自己的敌人，反而会把谈
判对手当成自己的朋友，然后一起协商，共同克服谈判中的矛盾和
问题，尝试在过程中为双方创造价值，进而帮助双方实现共赢。

　　在谈判过程中，当双方聚焦共同利益时，他们各自的立场就淡化
了，冲突和矛盾自然就会减少了。换句话说，当双方的焦点不在对方
身上的时候，他们会更加关注本次谈判的议题以及议题中存在的冲突
和矛盾，并且会聚焦如何才能满足利益这件事。这个时候他们会自觉
地将对方当成自己人，会友好、平等地与对方协商。即便协商的过程
中产生矛盾，他们也会理性控制自己的情绪，共同解决问题，化解矛
盾和冲突，进而达成共识。所以说，谈判的核心一定是双方的利益。
聚焦核心，问题才能逐个击破，双方才能获得共赢。

　　谈判，其实只是一种手段，它的目的是聚焦利益，达成共赢。
谈判也是一个交换的过程，要求谈判双方要在平等、互相信任的基
础上，利用对自己价值较低的东西换取对自己价值较高的东西，从
而改变本来冲突的立场，签下双方都愿意接受并执行的协议。

　　因此，谈判的成功取决于双方友好协商，产生一个双方都能接受，

都能获得利益的结果，即让双方都得到自己想要的东西，实现共赢。

02 谈判技巧：让谈判有章可循

如果你准备玩一种游戏，在玩之前先要弄清它的规则，谈判更是如此。你首先必须清楚地知道谈判的原则和技巧，然后通过这些原则和技巧帮助双方实现效益最大化。

但是，大多数谈判者并没有掌握谈判的"游戏规则"，因此他们在谈判中屡屡碰壁，无法获得自己应得的利益，甚至因此遭受巨大的损失。

事实上，只要你善于发现并钻研，你就知道，很多事情都有章法可循，谈判也是如此。然而，很少有谈判者认可这个观点。他们认为谈判就是简单的说话或者表达。于是在谈判的过程中，他们会以自己为主，强调自己的想法和要求，认为只要自己的理由足够充分，就能在谈判中占据绝对的优势，但事实并非如此。谈判成功的关键，除了要对谈判有正确的认识，还要掌握谈判技巧和原则，这样才能达到事半功倍的效果。

我们在生活中经常会遇到这样的场景：买卖双方为了达到自己的目的，会竭尽全力地维护自己的报价。此时，谈判的焦点就是价格。精明的卖主会不断地夸赞自己的产品，以显示产品的价值，卖出更高的价格。买家则会不断寻找产品存在的问题，尽可能地压低对方的报价。最后，双方都会全力维持自己的报价而导致谈判出现僵局。

在谈判出现僵局的时候，双方很可能会提出一个折中的策略。例如，各自退让一步，以达成一个中间价。这是传统谈判中最常见的谈判策略。很多谈判者会认为这就是谈判技巧和原则。但是，这并不能使双方的利益最大化。所以，我们也不会视之为谈判，这只是讨价还价。这是生活中常见的问题，也是很多谈判者急需解决的问题。

在人际关系中，我们常常会因为利益和需求，需要通过谈判和说服来达到自己的目的。但是，面对谈判我们会感到不安，因为我们不知道采取何种方式去说服对方，达到自己的目的。也许很多谈判者以为已经掌握了一定的谈判策略，例如上述案例提到的"折中"策略，或者人们常用到的"让步"策略。但是他们并不知道，那些策略虽然是可用的，但很难带来双赢，也掌控不了谈判过程。为了解决这个问题，本书通过具体案例详细阐述了要掌握哪些谈判原则和技巧，以及应用这些原则的注意事项。

当谈判者清楚了谈判的技巧和原则后，他们自然能够清楚在何种场合与什么样的人进行谈判，要采取何种技巧和原则说服对方，达到自己的谈判目的，并且也满足对方的利益和需求。

本书可以帮助谈判者解决以下三大难题。

本书可以帮助谈判者解决的三大难题。

如何做好谈判前的准备？ 调查发现，大部分谈判者知道准备的重要性，但是他们并没有花足够的时间做准备。这样就会导致他们在谈判中处于劣势。出现这一问题的关键原因是他们不知道如何做好有效的准备？不知道准备的过程中应该思考什么？有哪些步骤？本书会清楚地告诉读者谈判前做哪些准备工作，怎样系统地做好这些准备工作。

应该掌握什么谈判技巧和原则？ 谈判不是简单的对话。真正意义上的谈判有可遵循的章法。这也是本书的重点内容所在。本书旨在通过讲解谈判技巧和原则，帮助谈判者解决问题，达到谈判目的。

如何提升谈判力？ 谈判力与学习力一样，必须保持不断地实践和学习才能得以提升。在实际谈判过程中，有些谈判者也认识到谈判技巧和原则的重要性，并且也在积极学习这些技巧。但是他们发现，这些技巧并不能促进他们达到谈判目的？究其原因就是他们没有通过实践去提升自己的谈判力。没有谈判力，掌握再多的技巧和原则也是无用的。这与只掌握解题技巧却不做题，导致无法提升学习力是一样的道理。

谈判过程是一个复杂多变的过程。但是很多谈判者只会把谈判当成一次简单的对话。在他们看来，谈判就是从双方见面的那一刻开始的。实际上，聪明的谈判者都知道谈判不是从双方见面的那一刻才开始，而是从做好准备开始的。因此，优秀的谈判者明确地知道，要想获得谈判成功，就必须做好谈判前、谈判中、谈判结尾的工作。因此，本书从谈判前的准备工作开始讲起，强调谈判者要做好准备工作,并清晰地阐述了要做好哪些谈判前的准备工作,以及要如何做。

谈判中是正面交锋的时候,这时候双方的想法和观点会产生激烈的碰撞,很可能会出现矛盾和冲突。这时候,谈判双方硬碰硬必然不能解决问题,反而会激化矛盾。因此,这个时候谈判者要掌握一定的谈判技巧和原则,以推进谈判进程。

谈判结尾是谈判的关键阶段,也是谈判者最后的下坡阶段。这时候,谈判者要想办法把双方拉到利益平衡点上,以实现共赢。要做到这一点,谈判者也要掌握相关的原则和技巧。

谈判已经成为人们社交生活的一部分。因此,无论你从事什么工作,你都应当掌握谈判的技巧和原则。这样能够帮助你在职场、社交生活、家庭生活以及其他场景中,获取更多的主动权,为自己争取更多的利益。

本章总结

1. 谈判不是把谈判对手当成敌人,而是要淡化自己的立场,把谈判对手当成朋友。

2. 谈判只是一种手段,它的目的是聚焦利益,达成共赢。

3. 要想获得谈判成功,就必须做好谈判前、谈判中、谈判结尾的工作。

第二章
CHAPTER 2

谈判信念：
建立合作共赢的态度

谈判的结果应当是达到合作共赢的目的，但现实告诉我们大多数谈判结果令人失望。谈判后双方关系能得到强化，能给双方的业务创造长期价值的非常少。所以，虽然很多人知道合作共赢的好处，但真正能做到的只有少数。要做到合作共赢，在谈判的时候，谈判者就应该坚定这种信念，深刻认识合作谈判，并积极解决谈判中的冲突，以达到双方共赢的目的。

01 谈判的本质：解决冲突

中国有句俗话："会哭的孩子有奶喝。"

小孩子饿了，但是没有人喂奶，这就是冲突。于是小孩用哭声让别人意识到他（她）饿了，这就是一种谈判。谈判的本质是为了解决冲突。

在生活中，潜在的和实际的冲突无处不在。我们常说与人为善，在面对冲突的时候，很多人崇尚的解决方式是"忍一时风平浪静，退一步海阔天空"。但是，很多时候面对冲突，一味地退让并不能有效解决问题，反而会让对方得寸进尺。因此，无论是在生活中还是在职场中遇到冲突，最佳的解决方式不是一味地退缩或硬碰硬，而是进行谈判。然而在现实生活中，很多人误认为谈判的本质是与对方对峙到底，使自己获得更多的利益。

> 凯茜家里有两个女儿，每天都让她特别头疼的问题是如何解决她们之间不断产生的冲突。
>
> 一次，凯茜买了一对毛绒玩具兔子，一只灰色的和一只白色的。回到家后，姐妹俩都拿着白色的兔子不放手，两个人为此争得面红耳赤。妹妹哭着说："你拿灰色的不行吗？我喜欢白色。"姐姐非常坚决地说："为什么你不能拿灰色的？我也喜欢白色。"凯茜在一旁看着，觉得又好笑又无奈，于是和她们说："今天这个事情你们俩自己协商解决，协商不好的话，兔子就要送回商店，谁都玩不了。"
>
> 凯茜的这种做法其实就是将冲突交由冲突双方去解决，让她们想出共赢的办法。

> 这时候妹妹立即停止了哭泣，姐姐也不再强硬地拉扯玩具，两个人都在思考，如何解决问题，留下玩具。
>
> 这时候，妹妹灵机一动，说："姐姐，你比我大，你要让着我。所以，白色兔子是我的，灰色的给你。"
>
> 姐姐原本平复的心情又被激怒，很不开心地和妹妹说："凭什么大的要让小的，孔融让梨还是小的让大的呢。你要是懂事，你就不要跟我抢。"
>
> 妹妹听完后大声哭了起来，又跑去找妈妈。凯茜非常无奈地摇摇头。

为自己争取利益的谈判只是争论。

妹妹试图在跟姐姐谈判，但是妹妹还是为了改变姐姐的想法，为自己争取利益。这样做显然难以让姐姐同意，因为姐姐的利益受到了损失。所以，这件事情看上去像是在谈判，但其实只是争论，无法有效解决冲突。

实际上，要将这个谈判转化为合作谈判也不难。凯茜可以建议按时间来分配兔子，星期一、星期三、星期五姐姐拿白色的，妹妹拿灰色的；星期二、星期四、星期六姐姐拿灰色的，妹妹拿白色的；星期天兔子休假回到妈妈那里。

英国著名谈判专家 John McMillan（约翰·麦克米兰）曾说："谈判的目的并不是阻止对方拿到他想要的东西，而是寻找双方都达到自己的目标，并能互惠互利的方式。"换句话说，谈判是为了解决冲突，让双方都能接受，使双方都获得利益。

> 彼得在工作之余管理一个帮助本地医院的慈善机构。他们在市内拥有一个办公楼，由于交通不方便，他们打算将它卖掉搬到一个小一点儿但交通比较方便的办公室，并将卖掉的钱购买一些医疗仪器捐赠给医院。
>
> 物业估价师估计办公楼值 870 万元。但过了几天有开发商开价 1670 万元要买这个办公楼！没有任何附带条件！
>
> 彼得马上召开委员会议来商讨这笔生意，会议中大家都很兴奋。有些委员认为这是一个谈判良机，可以抬抬价。他们认为可以先拒绝对方的方案，说价格太低了，因为 1670 万元只是对方的开价，对方肯定有空间提价。
>
> 但他们也在想，为何对方开价如此不合理的高？对方是否特意支持他们的慈善机构？对方是否有亲人住在那家医院？还是对方根本不清楚办公楼的价值（但可能性很低）？
>
> 最终他们接受了 1670 万元的方案。
>
> 两年后彼得在一个社交场合碰到了那个开发商，他问了对方一个困扰他很久的问题："为何你开价这么高？"
>
> 开发商说："我对开发这个办公楼有一个很有创意的想法，如果买入价是 870 万元我会赚很多，就算是 1670 万元，利润仍然很可观。但我知道 870 万元，甚至 1300 万元你们很难达到目的，

> 所以不会卖。我计算过最少 1670 万元对你们才有意义，你们才会卖。对吗？"
>
> 彼得说："是的，那确实没有办法回绝，我们也想过和你讨价还价，你能多付吗？"
>
> 开发商说："如何你告诉我价格太低，我不会和你谈，因为我的价格已比市场价高很多。我不会和你玩这个讨价还价的游戏。但如果你告诉我，你需要更高的价格是基于合理的原因，我会多付 90 万元。"

我计算过最少 1670 万元对你们才有意义，你们才会卖。对吗？

是的，那确实没法回绝。

谈判的目的是达到双方的目标，互惠互利。

　谈判是一个解决双方需要的过程，不是一个游戏，更不是一个改变对方想法的过程。在这个过程中，双方可以通过对话发现彼此的需要，找到一个交集，让双方都能接受，都有利可图，进而解决冲突，达到双方的谈判目的。

所以，谈判者要正确认识谈判的作用，要把谈判当成解决冲突的有力工具，使双方都能达到目的。

02 正确认识冲突：矛盾只是冰山一角

在人际交往中，一旦冲突产生，伴随而来的就是各种矛盾，人与人之间的关系也会被这些矛盾打破。因此，绝大多数人对"冲突"一词持负面看法。

事实上，矛盾只是冲突的冰山一角。大多数时候，冲突带来的是了解和改变。

奥地利著名心理学家弗洛伊德曾表示：冲突对于理性的成长非常有必要。

例如，你会因为与父母的意见不同而产生争执，你会因为与爱人的想法不同而争吵，你会因为与上司的意见不一致被责备而感到委屈……这些都是因为两个人想法不同产生的冲突。这些冲突除了表面上的不平和外，带给你更多的是成长。例如，为了解决冲突你会意识到"父母的想法并没有错，要多理解他们""爱人的想法有道理，要理解对方""上司提出的意见非常全面，在以后的工作中要多思考"。

如果能够正确认识冲突，你会发现，有时候正是为了解决冲突，对事物才有了更深入的认识。例如，当你与对方产生冲突的时候，你会思考"为什么会发生这样的事情""我究竟要如何做才能化解冲突""我哪里做得不对吗"之类的问题，然后会据此改进自己的行为。也就是说，冲突带来的不只是矛盾，还有成长以及对事物更深层次的认识。

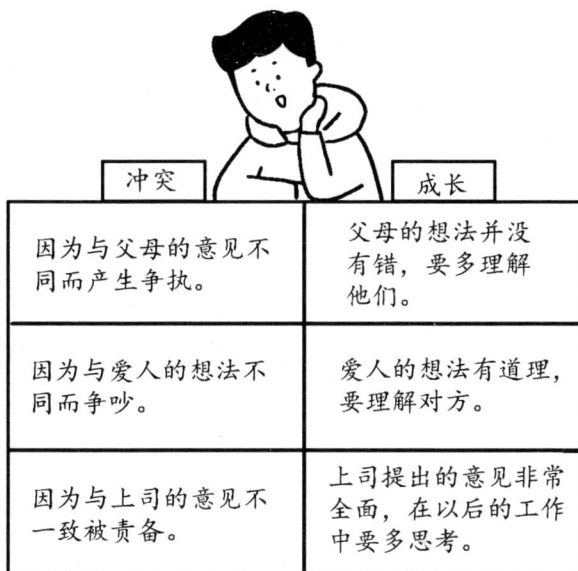

冲突	成长
因为与父母的意见不同而产生争执。	父母的想法并没有错，要多理解他们。
因为与爱人的想法不同而争吵。	爱人的想法有道理，要理解对方。
因为与上司的意见不一致被责备。	上司提出的意见非常全面，在以后的工作中要多思考。

冲突带给你更多的是成长。

管理大师彼得·德鲁克曾说："如果没有意见纷争与冲突，组织就无法相互了解；没有理解，只会做出错误的决定。"日本 KDDI 创始人稻盛和夫也说过："不同的意见越多越好，因为它最终的结论将更高明，会减少公司犯错的风险。"

所以，我们不要遇见冲突就开始抗拒，而是要学会正确认识并勇敢面对冲突。只有勇敢面对并积极地解决这些冲突，你才能看到谈判胜利的曙光，才能满足自己的需求，达到谈判的目的。能不能从冲突中获得改变和成长，关键在于你对冲突的认识正确与否。

在传统的观点下，人们不喜欢冲突，面对冲突的方式无非两种：

对抗冲突，抵制冲突；

一味地退让，躲避冲突。

事实表明，无论是"对抗"还是"退让"都无法有效解决冲突，反而会激化或衍生更多的矛盾。但是，如果能够正确认识冲突，我们就可以从冲突中发现有利的部分，进而可以与对方进行谈判，获得自己想要的利益。

所以说，很多时候，冲突不是一件坏事，反而是一个可以获得更多利益的机会。当然，能不能把握这个机会，就看你能否正确认识冲突这件事，是否可以从中发现有利的部分，并能够采取正确的谈判方式让双方共赢。

03 传统谈判 VS 合作谈判

传统谈判也称为"竞争性谈判""输赢型谈判"。在谈判的过程中，一方的目标往往与另一方的目标冲突，即达到一方的目标需要牺牲另一方的利益。双方最关注的是自身的利益，会不惜一切代价为自己争取最大的利益。合作谈判则更关注对方的利益和自身利益的结合，目的是希望双方能达成共赢。

简单来说，前者是竞争性谈判，后者是共赢谈判。

竞争性谈判是谈判双方互相竞争以达到自己的目标。在谈判的过程中，双方的利益会产生巨大的冲突，谈判双方都会把彼此看成自己的敌人。

在传统的谈判模式中，无论是从你的角度看，还是从对方的角度看，你们都看到了冲突。你们看不到对方的状态，也获取不了对方更多的信息。

在这种情况下，双方之间更多的是焦虑和猜疑，基本上没有信任。一旦没有信任，双方的交谈就会变得更加谨慎，不会让"敌人"有可乘之机，甚至会互相攻击，以达到自己的目的。

一般来说，在传统的竞争性谈判中，为了达到目的，双方会采取的谈判方式如下：

运用金钱和权力；

给对方情感压力；

给对方时间压力。

在谈判中，如果这么做，只会让一方或者双方都非常痛苦，并且会让双方的关系破裂，导致谈判失败。

> 我朋友家的儿子 8 岁了，非常痴迷玩乐高。每天放学回家第一件事就是玩乐高。我朋友觉得花费大量时间玩乐高会影响学习，于是和她的儿子说："如果你的期末考试成绩不能每科在 90 分以上，以后放学回家不准玩乐高。"
>
> 每次这样说完后，她的儿子都只是简单地回答"知道了"，但是并没有因此放下乐高去写作业。

"如果你的期末考试成绩不能每科在 90 分以上，以后放学回家不准玩乐高。"这句话看上去是在与对方谈判，实际上是在威胁对方。这种谈判方式，不仅无法让孩子改变自己的行为，反而会让孩子对妈妈产生不好的情绪，进而更不愿意服从妈妈的管教。

所以，这种谈判并不能有效解决冲突，达到双方的目的，反而会激化双方的矛盾和冲突，导致谈判失败。因此，越来越多的人采用合作谈判的方式，即双赢的谈判模式。

合作谈判有 3 个特点：

站在对方的角度思考，考虑对方的利益；

双方的目标并不互相排斥，一方获利并不需要以另一方的损失作为代价；

最终目的是谈判双方同时达到目标。

你 ——→ 冲突 ←—— 对方

传统谈判模式。

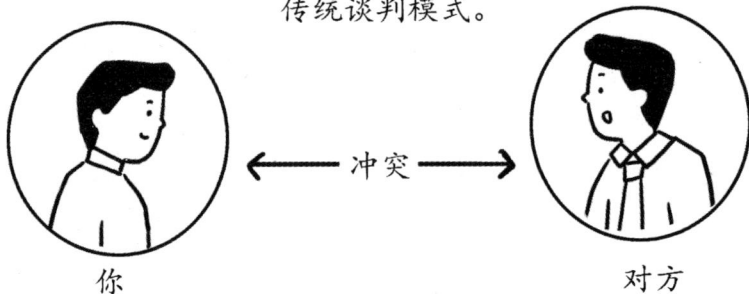

你　　　　←— 冲突 —→　　　　对方

合作谈判。

合作谈判和传统谈判一样，都会起冲突。尽管刚开始的时候，你们会互相争论，但是在争论的过程中，你们都能了解对方的想法和态度，可以获得更多有效的信息。谈判的关键就是要获得更多的信息，信息越多越能找到交集，进而才能解决冲突，使双方都达到自己的目的。

再次用上述小孩玩乐高的案例进行分析。

> 当第一次谈判失败后，我朋友认识到自己的谈判方式不对。于是她开始与儿子沟通，问儿子："你希望每天可以玩乐高多长时间？"
>
> 儿子回答："每天晚上玩两个小时。"
>
> 朋友说："你会不会觉得这个时间太长了？虽然我觉得玩乐高也是一件有趣的事情，但是玩乐高的时间太长，就没有更多的时间写作业，成绩可能就会下降。这样吧，每天回家后先做作业，作业做好后可以玩最多两个小时的乐高。"
>
> 儿子非常开心地点点头。

经过共同协商和讨论，我朋友与她的儿子形成了一种默契，各自达到自己的目标。这就是合作谈判最大的魅力所在。

合作谈判不仅可以有效化解矛盾使双方达到目的，还有益于各方优势共享或资源互补，进而可以共同获取更大的利益。

> 英国伯恩利有家小银行，他的创始人 David Fishwick 因为看到大银行都只愿服务大客户，对其他的小商户和市民不屑一顾。所以，他决定在 2011 年开一家银行来服务当地人。他开银行时碰到了很多困难，其中一个是安装保险箱。他在本地找到一家公司，可以提供他要求的保险箱，但要价 7000 英镑。由于他的银行是小本经营，不可能一下子投入 7000 英镑来买一个保险箱。于是，他开始与保险箱公司谈判。
>
> 当他和保险箱公司谈的时候，他发现保险箱公司没有地方展示这款大型保险箱。于是，Fishwick 就提议保险箱公司不如把保险箱安装在他的银行，他付相应租金。保险箱公司的客户可以和银行预约来现场参观这款保险箱，看是否可用。这就是双赢！Fishwick 得到保险箱，保险箱公司得到展示保险箱的展厅！

如果 Fishwick 采取传统谈判方式，谈判可能演变为讨价还价的过程。Fishwick 会大力砍价，能谈成的话最起码会有一方觉得亏了，谈不成的话大家都不高兴，而合作谈判，两者都能达到目的。合作谈判可以资源共享，让利益最大化。

传统谈判好比争夺蛋糕，双方为了获取更多的蛋糕，会争个"你死我活"。合作谈判，不是争夺蛋糕，而是互借优势，把蛋糕做大，两个人一起吃。

04　合作谈判的 3 个层次

合作谈判实现双赢并不是一件简单的事情。如果没有掌握一定的技巧，期待的双赢局面很可能会变成双输的局面。

> 我身边有个朋友是做销售的，经常要与客户进行谈判，于是他参加了一次谈判培训课程。课上讲师给他们出了一道题："现在有一个橘子，这个橘子你要与对方分。你要怎么进行谈判才能达成双赢的局面？"
>
> 台下的人纷纷开始议论。
>
> A 说："一人一半。"（一人一半会存在瓣多瓣少的问题）
>
> B 说："大的给别人，小的给自己。"（一方牺牲了利益，不是双赢）
>
> C 说："找一个精准度高的天平。"
>
> D 说："把橘子榨成汁，用量杯量。"
>
> E 忍不住说："如果对方是个大美女，我全部给她，我不吃。"（完全舍弃自己的利益）

合作谈判实现双赢并不是一件简单的事情。

A、B、E 的做法显然不是合作谈判，因为牺牲了其中一方的利益。C 与 D 的做法看上去会得到双赢的局面，但是 D 忽略了一件事情，对方是否喜欢喝橘子汁。

如果一个人想吃橘子肉，另一个人想用橘子皮泡茶喝，那么均分就造成了一个双输的局面。

造成双输局面的原因是：

> 只站在自己的角度考虑问题；
> 信息不对称；
> 双方的目标不一致。

如果他们能够提前商量好，一个人可以获得全部的橘子肉，另一个人可以获得全部的橘子皮，那么他们就实现了真正意义上的双赢。也就是说，双赢的前提是坦诚沟通、精诚合作，是站在对方的角度思考，了解对方的需求，然后再寻找交集，达到一致的目标，实现谈判目的。

具体来说，合作谈判有 3 个层次。

（1）建立信任：让对方信任你，并接受你的观点和意见

建立信任是合作谈判的第一个层次，也是最关键的一个层次。因为能不能让对方信任你并接受你的意见，决定了能不能顺利进行合作谈判。

在谈判过程中，你要让对方能够信任你，能接受你的观点，采纳你的意见，而不是把自己的想法强加给对方，否则只会给对方造成压迫感，导致谈判失败。在实际的谈判过程中，要想建立信任，可以采取以下几种方式。

把互惠互利挂在口头。如果你只是以自己为中心，那么一定难以说服对方信任自己。有谈判专家指出，使用互惠互利的原则说服对方更有力量。例如，和对方说"这个事情如果这样做，我们双方都有利""我希望这次合作对双方来说是互惠互利的，而不是一锤子买卖"。

为对方提供更多的帮助。要想建立信任，你就要尽量站在对方的角度考虑，为对方提供更多的帮助。当然这里的帮助不限于合作中的互惠互利，还可以帮助对方的朋友、家人或者同事。我记得在我刚当销售

员时，拜访一位客户，得知他打算安排儿子出国留学。于是，我除了分享我在国外读书的经验外，也主动帮他收集资料，还会在一些关键的日子，例如SAT考试，提醒他需要注意的事情。这样我们建立了朋友关系。后来，虽然我们都离开原来的工作岗位，但是我们仍保持着良好的关系。

尊重对方，给对方留面子。不管是什么文化程度的人，面子都很重要。因此，我们要想说服对方，就必须给对方留面子。当你和对方的想法产生冲突时，不要用语言攻击对方，而是应该尊重对方的想法。

懂得察言观色。在说服对方的时候，要懂得观察对方的情绪变化，或者肢体动作。如果对方表示很不高兴，那么说明你的方式不对，要选择更合适的沟通方式说服对方。

保持真诚。建立信任最好的方法就是保持真诚。

（2）协商：坦诚与对方沟通，找到交集

合作谈判其实就是在一系列信息里找到一个交集点。要找到这个交集点，双方就要进行坦诚沟通。我们要想做到坦诚沟通，应该注意以下两点。

先听听对方的想法。在协商的过程中，不要一味地强调自己的观点或者意见，而是要把对方放在重要的位置上，先听听对方的想法。听完之后，记得重复一遍，确认你明白对方的想法，同时也让对方知道你明白和了解他的想法。这样可以促进双方的关系。

敢于表达自己的想法，提出自己的要求。我们要做一个积极的付出者，但是这并不意味着我们要一味地退让，一味地答应对方的要求。我们要敢于提出自己的要求，向对方表明自己的想法。这样信息才对称，双方才能进一步协商。

（3）共赢：让双方都能到达到目的

共赢是合作谈判的最后一个层次，也是合作谈判的核心。

合作谈判的最终目的是谈判双方都能获得利益，达到自己的目的。因此，在协商阶段，双方需要坦诚自己的想法和要求，尝试扩展谈判变量，并从这些变量中找到交集。

> 刘亮是某公司产品部经理，负责与合作公司市场部的吴俊谈判合作事宜。
>
> 吴俊对产品非常满意，希望能够从刘亮的公司进一批货。刘亮给出的价格是 150 元 / 件。吴俊觉得这个价格高于市场价格，希望能够便宜点儿。
>
> 刘亮想了想说："可以便宜 30 元 / 件，但是要付清全款。"
>
> 吴俊再三考虑后说："那还是按照之前的价格，但是我要分期支付货款。"
>
> 刘亮同意了吴俊的要求，两个人愉快地签订了合作合同。

在谈判过程中，双方没有只在单一变量中讨价还价，而是增加了谈判变量。到谈判的最后阶段，两个人都在努力找交集，最后找到了双方都有利的交集，完美地达到彼此的目的。

合作谈判其实是一个循序渐进的过程，不是一上来就表明自己的要求，强迫对方同意。合作谈判是通过建立信任、协商、共赢这3 个层次，找到双方的交集，进而达到谈判目的。

05 合作谈判的正确态度

"态度决定一切"，在合作谈判中也是如此。合作谈判的态度是否正确，决定了合作谈判是否成功。

> 　　一家公司的业务员到我们公司做产品推广项目。当时与他对接项目的负责人是我，我们就新产品的相关事宜聊了很久。
>
> 　　我个人认为新产品的价格有点儿高，于是我说："你看这个价格是不是可以稍微低点儿？如果我们进货量达到每个月5000件，你能给多少折扣？"
>
> 　　对方很不屑地收起了项目计划书说："拿5000件也不是很多。之前我去的那家公司每个月拿10000件，我给的也是这个价格。"
>
> 　　见此情形，我没有继续商量价格，而是说："那行，我考虑考虑，考虑好我再联系你。"
>
> 　　其实，因为对方的态度问题，我已经失去了与对方合作的兴趣。

合作谈判成功的关键是
对方愿意与你合作。

　　实际上，合作谈判成功的关键不是你能从对方身上获取多少利益，而是对方态度真诚，愿意与你合作。

　　在谈判的过程中，如果一方或双方态度过于强硬或者表现得非常不真诚，都会导致谈判失败。上述案例中我遇到的销售员的表现就非常不真诚。他并没有站在我的角度替我考虑，只强调自己的利益。这种情况下，任何人都不愿意继续谈判。

此外，还有一些人在谈判的时候，喜欢搬出自己的身份，然后用强硬的态度压迫对方，如"我是某某公司的采购经理，我与你们合作是看得起你们"。这种气势凌人的态度，很可能会让谈判直接终止。

谈判成功的前提是对方愿意与你交流，而你的态度决定了对方是否愿意与你交流。

那么，在实际谈判中，什么是正确的态度呢？

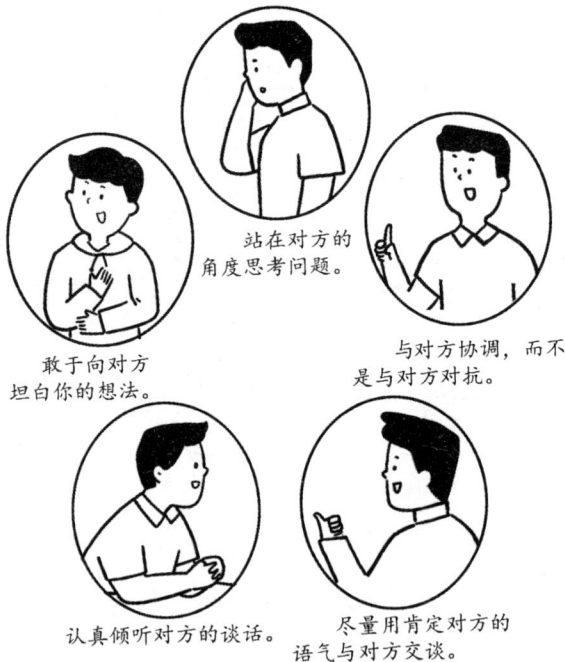

站在对方的角度思考问题。

敢于向对方坦白你的想法。

与对方协调，而不是与对方对抗。

认真倾听对方的谈话。

尽量用肯定对方的语气与对方交谈。

合作谈判的正确态度。

（1）站在对方的角度思考问题

在传统谈判中，谈判的核心是利己，因此导致冲突频繁发生，谈判目的无法顺利达到。合作谈判则更强调利他原则，即能够站在对方的角度思考问题，了解对方的需求，考虑对方的利益。在谈判中，谈判者要不断地问自己："如果我是他，对于这个诉求，我会有什么反应？"

一旦你能够设身处地地为对方着想，对方一定会感受到你的真诚、友好，进而愿意与你谈判。

（2）与对方协调，而不是与对方对抗

合作谈判其实就好比一场演奏会，双方必须互相协调、配合，才能更好地整合资源，实现共赢。

所以说，在合作谈判的过程中，谈判者应当与对方协调解决冲突，而不是与对方对抗。当你们意见不一致的时候，你可以说"我听听你的想法""我想深入了解一下这样做对我们彼此有哪些好处""我需要做什么你才能同意我的要求"，而不是说"不行，我不同意""你必须听我的"。

（3）尽量用肯定对方的语气与对方交谈

在谈判的过程中，如果你不是很认同对方提出的想法或建议，那么也尽量不要直接说"不"。直接否定对方，很容易激怒对方，让对方没有面子，进而会导致谈判无法顺利进行。

你可以先重复对方的建议，表示你知道了对方的想法和明白对方的诉求，然后可以问对方，除此以外，你还可以做些什么满

足对方的需求。最后，告诉对方你会尽力满足他的需求，同时适当地提出一些条件。如果你心里已有一些条件，可以尝试用假设性的问题问对方，如"假如我真的同意你的要求，你能否同意我的条件？"

在谈判中，采取这种先肯定对方再提出自己的条件的谈判方式，更容易让对方接受。

（4）认真倾听对方的谈话

很多人误以为谈判就是要表达自己的想法和意见，让对方认同自己。其实，合作谈判正好相反。我们要想达成合作谈判，就必须倾听对方的想法。只有明确对方是怎么想的，对方希望获得什么利益，双方才可以从中找到交集，进而解决矛盾达到合作目的。

合作谈判中，认真倾听对方的谈话有以下 3 个作用。

倾听是一种尊重。 心理学中有个著名的效应叫"霍桑效应"，是指当人们意识到自己正在被别人关注时，会有改变自己行为的倾向。也就是说，当你能够认真倾听对方说话时，能让对方意识到你很关注他，对方会因此改变之前的行为。例如，一开始对方不信任你，然后会变得更加信任你。

倾听可以获得更多的信息。 谈判是否成功，就看你能不能收集对方更多的信息。当你清楚地知道对方的喜好、需求、想获取的利益时，就意味着你可以找到更多的交集，更利于达到谈判目的。

倾听可以接收对方的信号。 信号是指一些示意性语调或用词，例如"大概""很困难""不太可能""现在不行"，这些都是信号。如果对方告诉你"我要你给我大概 5% 的折扣"，其实是说不用 5%

也行。又如，对方告诉你"要我接受你的方案非常困难"，那不一定代表拒绝，因为非常困难也代表有可能。

（5）敢于向对方坦白你的想法

在谈判中，也有一些这样的人，他们过分在意对方的想法，害怕提出自己的诉求会影响双方的关系。例如，他们会说"你看吧""你觉得行就行"。这么说，就意味着将谈判的主动权完全交给了对方，自己的利益必定会受到损失。这种谈判自然是无效的。

合作谈判的最终目的是双赢，即不损失任何一方的利益。要达到这一目的，在合作谈判的过程中，谈判者就要敢于向对方坦白自己的想法。例如，当对方表达完自己的想法后，你可以说"你说的没错。我也想说说我的想法"。

合作谈判的关键在于"合作"二字，而能不能合作，关键不在于双方的能力，而在于双方的态度是否正确，是否真诚、友好。

06 首先改变你自己

巴西首位女总统 Dilma Rousseff（迪尔玛·罗塞夫）曾说过：我们常常无法左右他人的态度，却可以改变看待他人的态度，只有改变自己才能影响他人。事实表明，我们很难改变一个人，我们能改变的只有我们自己。因此，在谈判的时候，首先要改变自己。

实际上，传统谈判和合作谈判最根本的区别在于前者想改变对方，后者想改变自己。

在传统谈判中，人们的思维模式是："我要表达自己，我要改变他的想法，让他认同我。"

在合作谈判中，人们的思维模式是："我要倾听对方的想法，了解对方的需求，解决冲突，实现双赢。"

A.

B.

传统谈判和合作谈判
最根本的区别在于
前者想改变对方，
后者想先改变自己。

所以，要实现合作谈判，首先要改变自己的思维和态度，要做到"说该说的，问该问的，听该听的"。

> 很多年前，我和一个客户谈合作，他问了我一系列问题。由于很多人曾问过我类似的问题，所以我不用细想或准备就能一一回答。最后，他问我："我们现在要买的是 10 个培训课，是个挺大的生意，你是否可以……"
>
> 我听到这里立马打断他，因为我猜想他的要求肯定是要折扣。于是我向他解释我们的价格是很合理、公平的，体现了我们课程的价值，在市场上也具备竞争力，所以我们不会打折。
>
> 他停顿了一会儿说："这不是我本来要问的，我想问的是你是否可以在 3 个月内交付这些培训课？"
>
> 我最后没有拿下这个单子。

这种事在谈判中很常见。我们会基于经验或习惯猜对方想要什么，然后只顾表达自己的主观看法，忽视对方的真实需求。这样做显然会让对方产生厌倦，进而导致谈判无法顺利进行。为了改变这种情况，在谈判的最初，我们就要改变自己的思维，要做到"说该说的，问该问的，听该听的"。

所谓"说该说"，是指要表达有价值的内容，促进谈判顺利进行，而不是乱说一通。例如，你要与对方聊产品相关事宜，却聊到了自己美好的大学时光。你可以侃侃而谈这些事情，但是对方不一定感兴趣，而且这与谈判目的毫不相干。最终无疑会导致谈判失败。

"问该问"的就是多问问题。通过一些开放式的问题去了解对方想要什么。例如，"你有什么需要""我需要怎样做才能满足你的需求"，千万不要以为自己什么都知道，一定要像一个孩子充满好奇心，不断地通过问题去了解对方的核心需求。

"听该听的"是指在谈判的过程中，要学会倾听对方的谈话，捕捉关键的信息。

缺乏经验的谈判者的弱点是不能认真地听对方表达，他们认为谈判就是说自己想说的，反驳对方的意见和建议，最终促进目的达到。因此，在实际谈判过程中，他们总是在想："下一句我要说什么，"从不认真倾听对方的发言，导致宝贵信息的流失。他们总是错误地认为谈判的时候说的最多才能掌握主动权，而事实并非如此。

成功的谈判者只会说该说的，问该问的，听该听的。他们会将 80% 的时间用在提问和倾听对方的谈话中，剩下 20% 的时间用来自己表达。这才是真正意义上的合作谈判。

相反，如果用 80% 的时间自己表达，而用 20% 的时间提问、倾听对方的谈话，那么谈判就变成了竞争性谈判。

所以，为了实现合作谈判，达到自己的目的，我们就要改变自己的传统思维，把更多的时间用来关注对方，倾听对方的谈话。

实现合作谈判除了要多倾听对方外，还要学会管理自己的情绪，少争辩，以促进达到谈判目的。

> 刘明是某著名飞机零部件公司的销售员。一次，领导安排他与客户谈判一个合作项目，客户说："价格我倒是觉得问题不大，但是产品的质量我觉得还有待提升。"
>
> 刘明听到对方质疑产品质量，特别不开心地说："我的产品怎么可能存在质量问题，空客和波音都是我们的客户，你要是觉得不合适可以不买，但是不能质疑我们的产品质量。"
>
> 客户听了之后非常生气，起身就走了。

个人情绪是影响谈判的关键因素。

刘明在跟客户谈判的时候，带着非常严重的个人情绪。在这种情况下，客户自然不愿意与他继续谈判。

个人情绪也是影响谈判结果的关键因素。因此，在谈判的过程中，谈判者要学会管理自己的情绪。个人归个人，生意归生意，两者是分开的。例如，你与谈判对象之前有过过节。那么这个时候如果你想实现合作谈判，就必须控制自己的情绪，让自己能够更理性地与对方谈判。

一个不会唱歌的人，无论用什么话筒还是不会唱歌；一个不会打羽毛球的人，无论换什么场地还是不会打羽毛球；一个不懂得合作谈判的人，无论与什么人谈判，都无法达到谈判目的。所以，很多事情成功的关键不是外在因素，而是你自己。

07 从一开始就追求双赢的结果

英国著名谈判公司 Scotwork 提出了 8 个阶段谈判方法论。该方法论的核心是"谈判就是实现合作共赢的过程"。因此，谈判者要实现合作谈判，在谈判开始就要追求双赢的结果。

但是，在谈判的过程中，很少有谈判者能够做到从一开始就追求双赢的结果。

例如，买卖双方正在谈一笔交易。通常情况下，双方都会竭尽全力维护自己的报价，争取自己的利益，谈判的焦点就会在价格上。

这时候，精明的卖家会把自己的产品讲得天花乱坠，尽力抬高产品的价格；而买家则会"鸡蛋里挑骨头"，尽可能压低价格。

试想一下，这样谈判下去结果是什么？

一般会出现两种结果：一是两个人会继续维持自己的价格，导致谈判成为僵局，无法顺利进行下去，双方都不能达到自己的目的；二是一方做出让步或妥协，或者双方经过漫长的"战斗"，最终互相退让，选择了一个折中的价格。其实，无论是哪种结果，都会使一方利益受到损失，或者双方利益都受到损失。这就意味着这种谈判方式不是合作谈判，很难达到双方的谈判目的。

合作谈判要求从一开始就追求双赢的结果，而不是到最后为了自己的利益，开始妥协或者退让。要做到从一开始就追求双赢的结果，首先就要更多地考虑对方的利益和需求。假如在这次谈判中你可以获得八分利，甚至可以拿到九分利，那么谈判的时候，你只拿七分就可以了。

"

　　1999 年，万科在成都东面看中约 120 万平方米的地，准备在那里开展项目。当时成都的地价大概是 1200 元 / 平方米，但是成都的东面是重工业区，几乎没有人愿意去那儿。因此，最终价格谈到了 270 元 / 平方米。

　　为了能够发展这片区域，当地的区长希望万科的总经理王石能够出面，给区域的发展做个广告。所以到了要签约的时候，对方说，只要王石能够出面签字，总价还可以降价 5400 万元。其实当时王石已经不是万科的总经理了，而是当上了万科的董事长，但是王石还是出席了签约活动。

　　到了现场后，大家都坐下来，王石便开口说："这 5400 万元的优惠我不仅不要，而且我还要再给你加 9000 万元。"对方感到既惊讶又疑惑，于是问王石："您是不是弄错了？"坐在一旁的区长也非常纳闷，心想："王石不是应该砍价吗？怎么还给加价？"

　　王石不慌不忙地解释说："其实来这儿之前我就算过一笔账，270 元 / 平方米其实远远不够。万科是做房地产开发的，已经做了 11 个年头。如果钱不够，就会遇到两个问题。

　　第一个问题：有的城市非常欢迎万科，土地也很便宜，但是我们项目的围墙总是倒塌？为什么会这样？因为土地非常便宜，所以政府给农民的补偿就少了，他们就来推我们的墙。如果万科的业主住进去了，但是墙倒了，那就成万科的大问题了。

　　第二个问题：因为土地非常便宜，所以不会过多考虑小区的相关配套设施。例如，房子盖好了，快要交房的时候，自来水管铺到小区门口就不铺了。这时候自来水厂要求额外再给 4000 万元。怎么办？如果不给的话，你的房产项目就不能通水，所以这 4000 万元只能给。小区的供电也是一样的道理，电网都架好了，还要给电路扩容费。

　　这些都是万科之前经历过的事情，看似占了便宜，其实损失很严重。现在的项目，看上去非常便宜，但是最后还是会慢慢补上的。所以，今天我主动加价，5400 万元加上 9000 万元，一共是 1.44 亿元。我们可以叫上自来水公司、供电公司，把这些事情提前都协调好。"

"

要做到从一开始就追求双赢的结果，
首先就要更多地考虑对方的利益和需求。

王石曾称自己是一个不会谈判的人，但是事实表明他是一个非常精明的谈判高手。在一开始谈判的时候，王石不但没有要求降低价格，而主动加价。这样做是因为王石明确知道，只有让对方获得了足够的利益，他们才会付出更多的努力，双方之间才能达成更好的合作，蛋糕才能做得更大。只有蛋糕做大了，王石的项目才能越做越好，才能获得更多的利益。这就是谈判中的双赢。

所以，真正的谈判高手会将目光放得更长远，会更多地考虑对方的利益和需求，从一开始就追求双赢的结果。

一开始就追求双赢其实就是树立双赢思维。在这种思维下，谈判者无论做什么决策都会先考虑对方的利益。谈判者在谈判的过程中就会思考"对方的想法是什么""对方的需求是什么""我要如何满足对方的需求"。相反，如果一开始就不具备这种思维，谈判者在谈判的时候就会只想自己的利益。这个时候一定会出现很多无法轻易解决的冲突，谈判的目的自然无法达到，双方都无法获取自己相应的利益，甚至双方都会遭受损失。

所以，为了确保达到谈判目的，谈判者在谈判之前，就要坚定地告诉自己你的目的是追求双赢，让双方都能获取相应的利益。

本章总结

1. 解决冲突的方式不是一味地退缩或硬碰硬，而是要进行谈判。

2. 冲突不是一件坏事，反而是一个可以获得更多利益的机会。

3. 建立信任、协商、共赢是合作谈判的 3 个层次。

4. 从"利他"角度思考问题，更利于谈判顺利进行。

5. 合作谈判切忌改变对方，要先改变自己。

6. 真正意义上的谈判是从一开始就追求双赢的结果，否则很可能会双输。

第三章
CHAPTER 3

事先预备：
做足谈判的前期铺垫

成功是留给有准备的人的。一次成功的谈判，事先的准备非常重要，这是大家所共知的事实。然而，Scotwork（苏格兰坊商务谈判）的一份全球超过 5000 位高管参与的调研报告指出，多达 48% 的人没有足够的时间去准备谈判。也就是说，虽然准备工作很重要，但是差不多一半人不会去做。这就是很多人谈判失败的一个原因。因此，为了谈判成功，谈判者应当做好事先准备，做足谈判的前期铺垫工作。

01 合理搜集谈判信息，精准评估对方的实力

谈判的相关信息搜集得越多，对对方的实力评估就越准确，进而可以在谈判中掌握更多的主动权。

> 销售部门的张伟准备与一位客户洽谈某款产品的销售业务。在谈判之前，他得知对方准备在半个月后举办一场大型的产品推介活动，活动中对该款产品的需求量很大。
>
> 在正式谈判的时候，对方采取各种方式来探底，并找出产品的各种问题以压低进货价格。这个时候张伟不慌不忙地说："我们产品的市场需求很大，目前我们还不能保证为你们供货，只能供货给出价合理的客户。"对方听了之后停顿了一会儿说："那就这个价格吧。"

收集谈判相关信息，掌控谈判主动权

如果张伟没有搜集对方的相关信息，张伟便会非常被动 。所以，在谈判过程中，谈判者对各种信息的搜集量，对谈判的成败有着极大的影响。

搜集信息，既需要在谈判前进行，也要贯穿于整个谈判过程。具体来说，谈判者在整个谈判过程中要主动搜集以下几个信息。

（1）对方谈判的思维方式

不同层级、不同部门 、不同地区、不同性格的谈判者，他们的谈判思维方式也不同。要达到谈判目的，谈判者就要在谈判前了解对方的谈判思维方式。

例如，对方是驾驭型的思维方式，即在谈判的时候，要掌握一切信息和细节，对自己和对方都要求得非常严格。那么面对拥有这种谈判思维方式的人，在谈判时就要准备好所有细节，要学会用数字和事实确认相关信息。同时，谈判者还要充满自信，展现自己专业的一面。再如，有一些高管的格局比较大，看得比较远，他们会考虑企业未来3 ~ 5年的状况。面对这种谈判对手，你就要准备好从宏观角度和对方讲你的产品或服务，如何在大格局中帮助他达到他的目标。如果你将谈判的侧重点放在眼下能为他节省多少钱，而不是如何为他的企业带来长远价值，那么他不感兴趣，也不愿意与你继续谈判。

> 一次，我与电力系统的客户谈引进新的检测仪器的事情。在交谈的过程中，我不断地介绍我的仪器和现有的检测手段对比多么优越，能节省多少时间和金钱，但是对方似乎不太感兴趣。最后，他问我："在国内有没有标准和准则？"我心想：不好了。国内

> 没有人在用，更没有标准。这下他肯定不会买。但是我没有直接这样回答，而是说："国内没有标准，但国外的标准很完善。我们有很多数据和经验可以帮助你们编写国内的标准。"他的眼睛马上亮了起来，还问了我很多细节。后来我才知道，原来他一直想引进新的技术，成为此技术的国内权威，成为某领域的先行者。我想，如果我一开始知道他的想法，那么我就不用花太多时间周旋在他不感兴趣的点上了。

所以，在谈判的时候，我们不能以自己的思维方式去与对方谈判，而是应该了解对方的思维方式，谈对方感兴趣的事情。这样才能更容易达到谈判目的。

（2）假设和事实信息

没有人可以掌握所有信息，也就是说，在谈判前，谈判者难免要根据已有的信息和经验来做一些假设。这种假设实际上也是一种有效信息，有助于评估对手的实力。但是，谈判者一定要分清哪些信息是假设，哪些信息是事实，一定不要把假设看作事实。

价格在谈判中往往是被假设为最主要的变量，甚至是唯一重要的变量，但事实真的如此吗？

> 美国某机构曾对 1000 位买手进行调研，让他们选一项和供应商合作最重要的考量。"最好的价格"是其中一项考量。但令人惊讶的是，只有 8% 的买手认为价格是最重要的。其他更重要的东西包括：供应商的合作经验（34%）、能否满足我的需求（18%）、在行业的口碑（10%）、其他客户的评价（8%）、售后支持（8%）等。

可见，虽然价格在每场谈判中都是一个因素，但很多时候并不是最重要的决定因素。如果我们在收集信息阶段，把假设"谈判都是为了价格"当作事实，就会让我们错过很多可能性。所以，在搜集谈判信息时，我们一定要区分哪些信息是假设，哪些信息是事实。一般来说，只有事实才会对谈判产生重要影响。

（3）对方的优势和劣势

在谈判中，谈判者只有充分了解对方的优势和劣势，才可以采取有针对性的谈判策略，达到谈判目的。

因此，谈判者应当通过各种渠道搜集谈判对手的相关信息，了解对方的优势和劣势。例如，可以关注对方的社交账号，或者通过共同认识的人打听相关消息，如对方公司的年报、财表分析、新闻等。如果发现对方近期的现金流有问题，而你的现金充足，那么可以利用给对方更好的财务支持来换取对你更有价值的东西。

（4）对方发出的信号

在谈判过程中，谈判者要不断地问自己"到底对方真正想要的是什么""最想避免的是什么"，然后带着这些问题去观察对方发出的信号，得到的信号越多对谈判越有利。

何谓信号？这里是指一些示意性语调或修饰用词。谈判对象会通过这些信号传达自己的谈判空间。例如，对方要求你给他大概10个点折扣，这个"大概"就是信号，代表对方有一定的谈判空间。掌握对方的谈判空间，便于你调整谈判策略，为自己争取更多的利益。

> 刘军准备租房子，他在网上看到租房消息后，联系了房东。房东给出的价格是每个月1000元。这对于刚毕业的刘军来说是一笔不小的开支。于是，刘军试图与房东谈价格，但是房东很坚定

> 地说："这个房子离我自己住的地方太远了，而且我真的很忙，没时间管这个房子。价格就这样，你要是觉得可以就租。"
>
> 房东表达的是"很忙""没有时间管这个房子"……这些信息让刘军觉得房东并不是以房租为主要收入来源，所以价格是可变动的，而这个变动的因素就是时间。于是刘军说："你看能不能把墙刷一下，这墙都掉粉了。"房东说："墙，我是没有时间刷，那这样吧，房租可以少给点儿。"就这样，两个人愉快地达成了协议。

你看能不能把墙刷一下，这墙都掉粉了。

墙，我是没有时间刷，那这样吧，房租可以少给点儿。

捕捉对方发出的信号，
有利于找到对自己有利的谈判策略。

刘军正是因为留意了房东发出的信号，才找到了谈判的空间，达到了自己的谈判目的。所以，谈判者在谈判的过程中，一定要多留意对方发出的信号。掌握的信号越多，与对方进行谈判的主动权就越大，也越能达到谈判目标。

谈判，看上去是一场心理素质的较量，其实更是谈判技巧、专业知识和信息搜集量的较量。在谈判的过程中充满了无数的信号和陷阱，如果我们不能搜集充足、全面的信息，做到知己知彼，即便谈判能力很强，也会失败。

"磨刀不误砍柴工"，这句话同样适用在谈判中。搜集信息，其实就是在"磨刀"，这项工作往往决定了谈判的结果。

这里需要提醒谈判者注意的是，一定要合理搜集谈判信息。这里的"合理"是指要通过可靠的渠道，搜集与谈判工作相关且能够促进谈判工作顺利进行的信息。具体来说，合理搜集信息还要注意以下几点。

查证信息来源，不要获取小道消息。互联网时代，人们的生活中充斥着各种信息。因此，为了确保获得的信息的真实性，谈判者要查证得到的信息来源，而不是获取小道消息。如果不能查证，就只能将信息列入假设，而不是事实，并且要谨慎使用。

不要涉及对方的隐私。例如，对方的家庭、收入等。除非对方主动与你提起，否则会让对方感到不自在，不愿意敞开心扉与你谈判。

不要提及对方的缺陷。谈判中最忌讳用对方的缺陷来攻击对方。这样必然会导致谈判失败，甚至会彻底终结你与对方的关系。

从可靠的渠道获取谈判的相关信息，可以帮助谈判者评估对方会采取何种策略和方式，有哪些弱点和优势。清楚了解这些信息，谈判者就能够有针对性地击破对方的防线，让两个人之间的距离更近，进而更利于谈判顺利进行。

02 认清谈判使命，明确自己为什么而谈

在传统谈判中，大多数人会为维护自己的利益而争得面红耳赤，

最后不欢而散。为什么会出现这种情况？一部分原因是他们并没有认清自己的谈判使命，不知道自己为什么而谈。

从组织行为学角度分析，需求会引发动机，动机会驱使行为。当谈判者认清自己的谈判使命，明确自己为什么而谈的时候，也就等于明确了自己的需求和动机，进而会驱动自己的行为去达到谈判目的。所以，谈判者要想达到谈判目的，就应当在谈判前认清自己的谈判使命，明确自己为什么而谈。

（1）需求是谈判的核心

谈判的关键在于明确自己的需求，即知道自己为什么与对方谈。可以说，**需求是谈判的核心，谈判的起因也是需求。**

在实际谈判过程中，如果谈判者不能明确自己的需求，谈判技巧再好，也注定无法达到自己的谈判目的。

> 章成是某家公司的一名主管，在这家公司工作 3 年了。他当上主管后，需要处理的事情越来越多，但是工资涨得很少。章成对此感到很不满意，于是决定与领导谈一谈。
>
> 章成和领导说："我觉得工作压力太大了，而且感觉自己的付出没有得到应有的回报。"
>
> 领导问："公司是根据薪酬制度来发的工资和奖金，你觉得哪里让你感觉付出没有得到应有的回报呢？"
>
> 章成有点儿不耐烦地说："当上主管后，我的工作任务比之前更多，工资也就比一般员工每个月高了 500 元，绩效奖金也没有高多少。感觉公司就是在给员工画大饼，没有实质性的奖励。"
>
> 领导这时候有些生气地说："薪酬制度一直是这样的，你不是不了解，而且我承诺，只要你干得好，你的薪酬会往上调。但是，

> 你当上主管还不到半年，并没有帮助团队提升多少业绩。你现在和我说公司制度存在问题，是不是有点儿不合理呢？"
>
> 章成沉默了一会儿说："那领导说不合理就不合理吧，我也没什么好说的。"
>
> 这件事情后，章成的薪酬并没有调高，而且领导似乎没有之前器重他。

感觉公司就是在给员工画大饼，没有实质性的奖励。

你当上主管还不到半年，并没有帮助团队提升多少业绩。你现在和我说公司制度存在问题，是不是有点儿不合理呢？

不能明确自己的需求，
谈判技巧再好也无法达到谈判目的。

章成谈判的需求是涨工资，但是从他与领导的谈判中可以看出，他并没有明确自己的需求，导致领导认为他的目的是抨击公司的制度，涨工资的谈判目的自然无法达到。

实际上，如果他只提出涨工资的需求，而且提出和工作表现相关的论点，或许他的目的可以达到。所以，明确自己的谈判需求也是达到谈判目的的关键。

然而，在谈判的过程中，我们常常会把目的和需求混为一谈，认为目的就是需求。实际上，目的不等于需求。

> 一家商场里租户的生意普遍不景气，于是商场的很多租户要求减租金。因为商场的经营也受到了影响，很难长时间大幅度地减租金。但是，租户真正的谈判目的是减租金吗？实际上"减租金"只是租户的一个需求，租户真正的目的是"活下来"。
>
> 如果商场没有办法满足租户减租金的需求，但是能让租户达到"活下来"的目的，那么这次谈判就能取得成功。当租户的谈判目的为"活下来"的时候，商场能够提供的方案就多了。除了减租金，商场也可以通过减少运营时间、减少营业面积、资助租户进行线上推广和销售、分期付租、减少利润分成等方式让租户"活下来"。
>
> 显然，认清谈判目的是"活下来"之后，更容易让租户与商场达到双赢的结果。相反，如果租户把减租金这个需求当成目的，并咬住减租金不松口的话，那么谈判将很难进行下去。

租户的目的是"活下来"，减租金只是一个需求，而这个需求是能够帮助租户实现"活下来"的谈判目的的。如果谈判中某个需求不能被满足，那么谈判者就应该转换思维，寻找可以被满足的其他需求。这样一来，谈判就能顺利进行并获得成功。所以，谈判者在谈判前要认清谈判使命，认清谈判的目的，不要把达到目的的某个需求错当成目的。只有这样做，才能将谈判中遇到的问题逐个击破，达到最终的谈判目的。

（2）需求产生动机，动机支配行为

人类的行为像冰山，我们看到的往往只是露出水面的一小部分，

没有看到水下面的部分。

一个人渴了想喝水，这是需求。有了这种需求，他会产生寻找水的动机。动机会支配他行动起来，直到找到水。在谈判中也是如此。需求会推动谈判者产生动机，动机会支配谈判者产生某种行为，直到达到谈判目的。

在合作谈判中，谈判的动机只有一个，就是寻求解决问题的办法。在这个过程中，双方会通过协商解决问题，直到找到一个双方都满意的解决问题的方案。为了实现这一点，谈判者需要敏锐地觉察对方真正的需求，而不是单纯地看他表面的行为。

例如，在上面商场和租户谈判的案例中，如果商场看到租户的目的是"活下来"而不是把减租金看作对方的目的，那么双方便能心平气和地坐下来，一起谈论各自拥有什么资源去解决这个问题。这样谈判就有了更多的可能性，更利于达到双方的目的，实现共赢。

> 一个五星级酒店集团因为经营压力要降低成本，于是采购主管找来某知名茶叶公司的销售员，要求他们的茶包减价，否则只能减少采购量或种类（他们一般在客房提供4种茶包供旅客选择），甚至改为和对方的竞争对手合作。茶叶公司的茶叶卖点是高质量，利润也不高，更重要的是如果其他酒店集团知道降价，也会提出同样的要求。所以，茶叶公司不打算降价。
>
> 在僵持不下时，销售员问了一个问题："反正你会把茶包放在房间的盒子内，如果我们省掉茶包的正常包装盒，直接将茶包送给你，你是否能接受？"采购主管说："那当然没有问题，反正我们每次将茶包分发完都会把原包装扔掉。"于是他们便省了原来昂贵的包装费。

找到对方真正的需求，
更利于达到谈判目的。

酒店的问题是要节省成本，除了降价外，茶叶公司有其他方法来节省成本。如果双方利用自身权力（五星级酒店集团和知名茶叶公司）讨价还价，而没有针对减价背后的需求来探讨解决方法，最终很可能形成双输局面。

所以，谈判的需求和动机是谈判的动力，更是谈判的方向。

03 充分挖掘自身的优势，让对方清晰地看到并认可

巧用自身优势，将会大大提高谈判的效率。

在谈判过程中，谈判双方都会关注对方有哪些谈判优势，以便根据对方的优势做出调整，以促进谈判顺利进行。因此，谈判者要想获

得相应的利益，就要学会充分挖掘自身的优势，让对方清晰地看到并认可。一旦对方看到并认可你的优势，就可以促进谈判平等开展。

> 李振出差到一个小城市，由于航班延误，他到达时已经很晚了。他打算租一辆车去酒店，但是发现只有一家租车公司仍在营业，而且对方要求的价格比他预期高。因为只有这一家租车公司在营业，他别无选择。这样看，他并没有筹码去谈价格。不过李振并不这么认为。
>
> 李振知道自己乘坐的是该机场当天最后一趟抵达的航班，也就是说，他可能是这家租车公司当天晚上最后一个潜在客户。于是，他向对方指出他是最后一位出来的旅客，如果对方打9折便租他的车。对方考虑到要么做这个生意要么该辆车闲置一晚，于是同意了他的要求。

我是机场今天出来的最后一个人。如果你们可以给我打9折的话，我就租你们的车。

要么做这个生意要么该辆车闲置一晚，打9折也是可以的。

巧用自身优势谈判，
能大大提高谈判效率。

　　李振清楚地看到了自己的优势，知道自己是对方唯一的客户。于是，利用这个"筹码"达到了谈判目的。

　　在商务谈判中，很多谈判者总是觉得对方比自己强，往往会忽略自身的优势。例如，销售员总是觉得客户有很多选择，可以随时换供应商，而买家会觉得卖家很强势，如果换一个供应商不一定会更好。到底谁强谁弱？实际上，在谈判中各有优势。关键是能不能挖掘自身的优势，让对方看见并认可。

　　充分挖掘自身优势，其实就是帮助自己发现原来不知道的资源。当对方能清晰地看到并认可你的优势时，就意味着你为自己的谈判又增添了一个筹码。这将大大提高谈判效率，促进自己达到谈判目的。

　　那么在实际谈判中，如何充分挖掘自身优势呢？

（1）突出自己的独一无二

　　物以稀为贵，**在谈判中，你的独一无二将成为谈判最关键的"筹码"**。因此，为了达到谈判目的，首先就要突出自己的独一无二。

　　张琴在一家服装店看上一件大衣，其标价是 1699 元。虽然她很喜欢，但是价格有点儿超出她的承受范围。于是张琴就开始与导购员谈判。

　　张琴一边拿着大衣打量一边和导购员说："这件衣服有什么活动吗？这个价格也太高了吧。"

　　导购员微笑着回答："不好意思，这件大衣是我们家刚上的春季新款，没有任何活动，而且这件大衣每个颜色只有一件，面料用的是顶级的羊绒，您不用担心撞衫，更不用担心起球。"

> 听完导购员的一番话后，张琴似乎开始有点儿动摇了。
>
> 这时候导购员又说："这件大衣是我们家设计师设计的，无论是颜色还是款式都是今年比较流行的。"
>
> 张琴又把大衣套在身上试了下说："就这件了，帮我包起来吧。"

如果导购员没有认识到自身的优势，这次交易很可能无法达成。所以，为了能够达到自己的谈判目的，就要懂得充分挖掘自身优势，展现自己独一无二的一面。例如，你拥有全球顶尖的技术，产品获得过某项奖等。

（2）让对方清晰地看到你的优势

在谈判过程中，很多时候并非你展现出来的优势一定能够让对方清晰地看到并认可。以张琴买衣服为例，导购员虽然说了很多独一无二的特点，但是张琴也可以不认可对方的说法。那么，当自己充分挖掘了自身优势后，要如何让对方认可呢？

一般情况下，要让对方清晰地看到并认可你的优势，最简单的方法是比较法。同样以张琴买衣服为例。导购员可以说"你看旁边这件衣服，价格便宜一点儿，看上去差别不大，但是质量差很多，你摸摸看""你可以看看店里其他衣服，明显能看出这件款式是比较好看、时髦的"……通过比较能让对方清楚地看到并认可你的优势，进而会不自觉地衡量价格，最终会将产品与价格画上等号而成交。

在谈判过程中，谈判者不仅要懂得挖掘更多自身优势，掌握更多谈判筹码，更要让对方清晰地看见并认可你的优势，进而顺利展开谈判，达到谈判目的。

04 制定具体的谈判目标，指明和引导谈判方向

谈判目标是谈判的出发点。**谈判过程中所做的所有努力，都是为了实现谈判目标。**因此，树立具体的谈判目标，也是谈判成功的关键。

谈判目标不同于一般的目标，如学习目标。因为学习目标是由自己做出的努力决定的，而决定谈判目标是否能实现的人除了谈判者还有谈判对手。但是，谈判者无法掌控谈判对手的情况，这是一个变动因素。所以，谈判者在制定谈判目标的时候应当考虑到这个因素，制定一个有弹性的谈判目标。

一般来说，制定具体的谈判目标需要考虑 3 个层次。

实际需求目标

在谈判中想达到的目标；关系到谈判者的实际利益；切合实际。

必须达到的目标

在谈判过程中，谈判者必须努力达到该目标；谈判者最低的要求，是谈判的底线。

最优期望目标

对于谈判者而言，是最有利、最理想的目标；谈判者单方面渴望达到的目标；包括一些不太重要，但对谈判者价值高的东西。

制定具体的谈判目标需要考虑的 3 个层次。

第一个层次：实际需求目标。

实际需求目标是谈判双方根据主客观因素，经过科学的预测和核算，纳入谈判计划的目标。达到该目标能够保障谈判者的最基本的利益。

实际需求目标有以下几个特征：

在谈判中想达到的目标；

关系到谈判者的实际利益；

切合实际。

A 和 B 计划去意大利旅行，但是在制订旅行计划的时候两个人产生了分歧。于是，两个人不得不通过协商争取达成一致意见。实际上，这个协商的过程就是我们日常生活中常见的谈判过程。A 要想通过协商与 B 达成一致意见，那么 A 就应当在协商前明确自己的谈判目标，也就是 A 此次行程想完成的计划。A 经过一番思考后，制订了以下计划：

花费不多于 30000 元；

游览威尼斯两天；

游览罗马两天；

游览米兰一天；

到某米其林二星餐厅吃饭；

买一个限量版的名牌包。

A 所列的这些计划是他这次想完成的，关系到他的实际利益且切合实际的计划。所以，A 制订的这个计划是他这次谈判要达到的实际需求目标。其他谈判也是如此，谈判者为了更好地达到自己的谈判目标，首先要清楚自己的实际需求目标是什么。

第二个层次：必须达到的目标。

必须达到的目标是谈判者的最低要求，是他的底线。如果这个目标无法达到，谈判者往往会放弃继续谈判，因为打破了底线的成交比不成交更差。

该目标具有以下几个特征：

在谈判过程中，谈判者必须努力达到该目标；

谈判者的最低要求，是谈判的底线。

以 A 的旅行计划为例。A 必须达到的目标是花费不多于 3 万元及游览米兰一天。列这个必须达到的目标清单的时候，A 应当反复思考什么是必须达到的。A 不能将所有的实际需求目标都列入必须达到的目标清单中，这样 A 的谈判空间就会被局限，很有可能会导致 A 与 B 在协商的时候争吵起来。但是，如果没有必须达到的目标而只有实际需求目标，那么 A 的谈判将陷入十分被动的局面。

因为必须达到的目标是谈判的底线，所以越少越好。如果不止一个目标是必须达到的，你要问自己：这些必须达到的目标的重要性是一样的吗？如果在这些必须达到的目标中，你发现有些比较重要，有些比较次要，那么，那些次要的目标便不能在必须达到的目标清单上出现，因为它们只是你的实际需求目标。

第三个层次：最优期望目标。

最优期望目标有以下几个特征：

对于谈判者而言，是最有利、最理想的目标；

谈判者单方面渴望达到的目标；

包括一些不太重要，但对谈判者价值高的目标。

确定最优期望目标能够确保在谈判中能寻求更大的利益和拥有

更多的谈判空间。

同样以意大利旅游为例。列出实际需求目标和必须达到的目标后，你可以列一些对你有价值的目标。例如，免费升级至商务仓，让朋友请你去米其林餐厅吃饭，朋友帮忙排队买一个限量版名牌包，用朋友的免费托运行李的额度帮你放自己行李箱中放不下的包等。这些目标若能达到最好，不能达到也没有不好的影响。

期望目标的清单越长，你谈判的机会越大。当你的实际需求目标达不到时，例如不去罗马而让朋友去看他喜欢的比萨斜塔，那能不能让朋友帮你付威尼斯的导游费，或用他的积分帮你升级到商务仓？

记住，这部分目标是有机会才提出，而且不要一次性全部提出，否则你很快没有朋友！

另外，你也可以在达到所有实际需求目标后，提出你的期望。在这个例子中，假设你的朋友对你的方案没有异议（花费不多于3万元、游览威尼斯两天、游览罗马两天、游览米兰一天、到某米其林二星餐厅吃饭以及买一个限量版名牌包），你可以问他是否可以帮你排队买包或用他的免费托运行李的额度，这样你得到的比你列出的实际需求的东西更多！

再来看一个商业谈判案例。

> 吴强是一家企业的销售部总监，公司有一个招标项目让他负责与客户谈判。谈判之初他就开始打探招标的相关信息，得到的消息是对方首付只付40%，和他原来定的50%的目标差一点儿。也就是说，吴强的最优期望目标是对方首付可以付50%。
>
> 谈判的时候，吴强问客户："如果我们要求首付50%，我们还需要做些什么？"

" 对方思考了一会儿，说："我们必须安排自己的质量检测员去你们的流水线进行实时监测。"

吴强想了想，笑着说："这样吧，让你们的质量检测员到我们公司住一个月，进行实时监测的同时看一下我们的生产线。这样我们不但可以及时解决产品质量问题，还能提升整个产品生产线的效益。我们会负责他所有的相关费用。"

对方笑着说："您当之无愧是一个谈判专家。"

吴强在明确自己的最优期望目标后，并没有强迫对方答应自己的要求，而是开门见山地告知对方自己的诉求并礼貌地询问对方的要求。这样询问，一来不会让对方感到不适和反感，二来吴强可以清楚地知道自己应当如何做才能达到最优期望目标，也更利于达到自己的最优期望目标。"

在实际谈判过程中，当你明确了最优期望目标之后，你便可以以最优期望目标开启话题并与对方谈达到最优期望目标的条件。这样一来，双方就可以各取所需，你的最优期望目标也更容易达到。

树立了以上 3 个层次的谈判目标后，还有几点要注意。

谈判的焦点是你的实际需求目标，但同时要清楚什么是必须达到的目标。

目标要有优先级，否则就不能灵活地掌控谈判进程。

不能把注意力放在最优期望目标上，这些是当你需要让步或者达到所有实际需求目标后，发现仍有空间时才去谈的。

一定要做好最低限度目标的保密工作，不得向对方透露。

树立正确的谈判目标是一项至关重要的谈判工作，能够清楚地指明和引导谈判方向。从某种程度上说，树立正确的谈判目标决定了谈判是否能取得成功。

05 设置谈判备选方案，根据对方状况进行调整

谈判中有很多不确定因素，随着这些因素的变化，谈判的方案也必须随之改变，否则谈判目的无法达到。换句话说，谈判者必须设置谈判备选方案，并根据对方的状况调整、优化备选方案。只有这样，才能做到进可攻、退可守，不至于方案被否定就方寸大乱。

谈判备选方案，换句话说是退而求其次的选择，或者叫次选项。何谓次选项？我们来看一个案例。

> 朱芬在某化妆品店看中一支口红。口红原价是 380 元 / 支，单件不参与任何活动。但是一支口红 380 元超出了朱芬的预算，于是她开始与导购员进行谈判。
>
> 朱芬："能不能优惠点儿？"
>
> 导购员："不好意思，这是我们家新出的产品，不参与任何活动。"
>
> 朱芬想了想说："我买两支的话，你能不能给我优惠一点儿。"
>
> 导购员笑着说："买两支的话，我可以帮您申请 8.8 折优惠。"

如果朱芬只设置一个谈判方案"一支口红必须打折"，那么可想而知，谈判结果注定失败。朱芬没有死死盯住自己提出的第一个

方案，而是退而求其次，最终谈判目的达到了。

实际上，**真正的谈判高手，从不把赌注全部压在第一方案上，而是懂得设置最佳的谈判备选方案。**

在实际谈判过程中，设置最佳的谈判备选方案，要求做到以下几点。

（1）"骑驴找马"：优化自己的最佳备选方案

一般来说，备选方案应该是提前准备好的方案。但是在实际谈判中，变动因素比较多，预先准备好的方案未必能被采用。因此，最佳备选方案往往不是预先准备好的，而是"骑驴找马"，通过与对方谈判，不断优化得来的。

> 刘军是某品牌水果零售店市场的经理，公司要求其负责采购一批芒果。刘军与供应商谈判，对方给出的价格是 10 元 / 斤。经过市场调研，刘军发现该供应商给出的价格偏高，他希望以更优惠的价格采购。于是，刘军又找到供货商继续谈价格。这时候刘军采取了备选方案：价格优惠到 8 元 / 斤，供货期可以延长一周。但是，对方对这个备选方案并不满意，他们认为刘军把价格压得太低了。双方因此僵持不下。刘军开始思考如何调整备选方案。
>
> 对于刘军而言，产品的交货期不是主要问题，关键问题是价格。于是刘军给出了第二个备选方案：价格优惠到 8 元 / 斤，供货期可以延长半个月。对方立即同意了这个备选方案，谈判取得成功。

最佳备选方案都是根据
对方的情况调整出来的。

谈判是一个不断协商的过程，没有哪一个方案一开始就能得到对方的认可。大多数情况下，能够促进谈判成功的方案，都是根据对方的情况调整出来的备选方案。

（2）步步为营：探索对方的备选方案

备选方案不只是针对自己，也针对对方，即这个方案是对双方有益的。那么如何才能设置出让双方共赢的备选方案？这就要求谈判者在谈判中要做到步步为营，即要在谈判的过程中探索对方的备选方案，进而与对方协商方案。

例如，供应商与客户谈判产品价格，供应商给出的价格是 100元 / 件，但是对方不同意该价格。那么为了设置更合适的备选方案，供应商可以试探性地问客户"假如 90 元 / 件，但要预付 50%，你觉得怎么样？""如果我们可以 80 元 / 件，但需要预付 50% 和你自己来提货，你看怎么样？"。

（3）釜底抽薪：根据对方的情况调整备选方案

探索出对方的需求，根据对方的情况调整备选方案。

以上述案例为例。当供应商提问对方"假如 90 元 / 件，但要预付 50%"的时候，对方不一定同意。这时候，为了达到谈判目的，供应商可以"釜底抽薪"，即削弱对方的备选方案，如对方重视交货周期、残次品率等，就可以根据这个调整自己的备选方案。例如，"100 元 / 件，但可以缩短交货期并保证产品质量，残次品率不超过 3%"。

备选方案一定是对方认同的方案，否则不能称之为备选方案。

备选方案必须是能够给双方带来利益的，而不是干扰。

设置谈判备选方案要注意两点。

在谈判的过程中，可以通过以上方式设置谈判备选方案。但是这里还要提醒大家注意两点。

第一，备选方案一定是对方认同的方案，否则不能称之为备选方案。

第二，备选方案必须是能够给双方带来利益的，而不是干扰。很多人在谈判的过程中，为了达到自己的目的，会设置一些干扰方案，损害对方的利益。例如，消费者去 4S 店购买一辆车，价格是 30 万元。消费者希望对方能打 9 折。但是对方不同意，于是给出备选方案"价格是 30 万元，但可免费升级音响系统。"客户想要的是折扣，他没有升级音响系统的需求。这种备选方案就是在干扰客户做选择，并没有给客户带来利益。4S 店给出的备用方案可以是"打 9 折但只能买某颜色的陈列车"又或者"打 9 折但同时签一个较长的有偿保修合同"。

谈判的最终目的是双方都满意，因此谈判者要充分考虑自己和对方的情况，设置最佳的备选方案，以达到谈判目的。

06 预留谈判退路，灵活掌握整场谈判的主动权

在传统的竞争性谈判中，大多数人喜欢在一开始就占据绝对优势。在他们看来，只有一开始就占据绝对优势，才能掌握绝对的主动权，进而才能达到谈判目的，但事实并非如此。谈判一开始就占据绝对优势，很容易造成冲突，导致谈判无法顺利进行。

一般来说，一开始就掌握绝对优势主要体现在以下两点。

第一，绝对化的谈判条件。 绝对化的谈判条件是指在谈判之初为了达到自己的谈判目的，要求对方必须答应自己提出的条件和要求，而且绝不妥协。例如，谈判者的条件是"价格必须打 8 折，交货期为 10 天，维保免费延长 1 年，必须满足所有条件"。

第二，绝对化的语言描述。 绝对化的语言描述是指在谈判的过程中，描述要求的时候比较绝对化，如"你必须怎么样""如果不能这样就免谈"等。

无论是以上哪一种绝对化，都没有给自己留任何退路。在这种情况下，很容易让对方产生逆反心理，进而导致谈判失败，损失严重。

关于没有预留任何退路的谈判，有一个小故事。

> 一家科技公司，他们和供应商谈判前会列出很多条件，要求对方提出满足所有条件的方案才能进行谈判，缺一不可。他们认为这样可以将他们的利益最大化。
>
> 一家供应商为了抢市场便同意了这些条件。一年下来亏得很厉害。第二年科技公司又招标，又列出很多条件。可是这次等了

> 两个星期，一家供应商都没有来，但是项目又要启动，于是科技
> 公司只能主动打电话给供应商去邀请他们合作，不敢再提那一系
> 列的条件了。

我们从这个谈判小故事中可以看出，任何没有留退路的谈判，很多时候有两个结果：对方放弃；你放弃。接受对方的条件和要求，这不是谈判。真正意义上的合作谈判，强调的是在谈判之初就要预留退路。只有这样做，才能灵活地掌握更多的主动权，进而达到自己的谈判目的。

在实际谈判中，预留退路包括两个方面：一方面是**谈判条件要预留退路**；另一方面是**谈判语言要预留退路**。

谈判条件要预留退路。

谈判语言要预留退路。

预留谈判退路的两个方面。

（1）预留出有商量余地的谈判条件，增加谈判弹性

真正的谈判者在谈判之初思考的问题不只是"如何让对方接受自己的谈判条件"，还会思考"如果对方不接受自己提出的谈判条

件怎么办"。

以上述的小故事为例。为了实现有效谈判，科技公司必须预留谈判退路。那么，科技公司具体应该如何做？

他们也可以列出所有的条件，但不用说所有条件缺一不可。他们可以将不可谈的条件标出来，余下的和供应商谈判时再谈，如价格、付款条件、交货日期等。如果对方达不到要求，那么可以列出一系列的置换条件。这些置换条件可以在让步的时候提出来。这样双方可以就这一条件继续展开谈判。例如，价格和科技公司想要的相差20%，那么对方能否延长保修期，或者付款更弹性化等。这样谈判的主导权仍在科技公司手里，这更利于利益最大化，也更利于达到谈判目的。

（2）语言要留有余地，给双方更多的谈判空间

预留谈判退路不仅要在谈判条件上留有余地，还要在谈判语言上留有余地。

> 黄俊和老板一起与供应商谈判代理权，对方由于掌握专利而且预期市场会有井喷式需求增长，所以非常强势。对方要求保证进 500 万元的货，是上一年销售额的两倍。黄俊的建议是保证进 200 万元的货，也就是上一年销售额的 80%。
>
> 老板觉得对方要求太过分，态度太强势很难谈。供应商则觉得对方太没有诚意，开价太低。双方各不相让。由于市场需求旺盛，黄俊分析对方其实可以接受订 350 万～380 万元的货，但老板忽然抛出一句：要么只进 250 万元的货，要么中止谈判。结果对方不同意，谈判失败。之后供应商与另外一个分销商谈判，谈成了，对方保证进 350 万元的货。

用绝对化的语言，
只会让自己丧失更多的谈判机会。

为什么这次谈判会失败呢？原因有 3 点。

第一，看上去双方是在谈判，但实际上双方在将自己的想法强加给对方，属于典型的竞争性谈判。这种谈判会给对方造成一种压迫感，进而会导致谈判失败。

第二，老板给出方案的方式没有给自己留任何退路，他所说的用一句话总结就是："你必须同意我的要求，否则就免谈。"原以为自己掌握了谈判的主动权，但所说的话却是在将自己的谈判主动权拱手相让。也就是说，对方只能接收或拒绝老板的要求，没有任何回旋余地。

第三，如果这句话是黄俊说的，产生僵局时老板还可以出来打圆场，休息一会儿再谈另一个方案。但老板说完，对方不同意便没有余地，很容易直接谈崩。

因此，谈判者在谈判中要避免使用绝对化的语言。因为这种语言会没有更多选择的余地，只能是同意或者不同意。这样谈判者就失去了更多的主动权，谈判的变通性也大大降低，最后会将谈判变成一场争执。这样显然不符合合作谈判的要求。为了有效避免使用绝对化语言，我们可以将"必须""一定"这些词语改成"是不是可以这样""你认为这样如何"……让对方有思考的空间，也让双方有更多谈判的余地。

预留更多的谈判退路，其实就是在增加自己的谈判筹码。筹码越多，主动权也就越多，谈判更容易取得成功。

07 创造最佳谈判情境，实现真正的天时、地利、人和

古代人们作战的时候讲究天时、地利、人和，即要有适合作战的时令和气候、有利的地势、能够团结在一起的人，这样做才能百战不殆。同样，谈判要想取得成功也必须讲究天时、地利、人和，要有合适的时间、地点和沟通渠道。

（1）巧妙利用谈判时间

谈判时间是谈判中的关键因素，时间不同谈判情境就会产生很大的变化，进而会影响谈判结果。

> 赵伟在一家公司工作了 3 年，职位却一直没有晋升。于是他打算找领导好好谈谈这件事。
>
> 一天早上，赵伟见到领导急匆匆地走进办公室，赵伟心想：最近领导工作太忙，根本见不到领导的身影。今天领导终于出现了，一定要好好把握这个机会。然后便大步朝领导办公室走去。

> 领导正在埋头看文件，头都没抬地问赵伟："有什么事吗？"
> 赵伟说："张总，我想与你谈谈我晋升的事情。"
> 领导抬起头，很疑惑地看着赵伟问："晋升的事情怎么了？"
> 赵伟说："我来公司3年了，职位一直没有提升……"
> 领导不好意思地打断赵伟说："很抱歉，我现在真的很忙，没有时间与你谈晋升的事情，而且公司都是按照制度晋升，所以你也要思考下自身的原因。"

在对方忙碌的时候进行谈判，
很容易被对方拒绝。

　　心理学研究表明，人们特别着急某件事，或者特别忙的时候，很难进行谈判，一般都会直接否定别人的要求。所以，要想达到谈判目的，还要懂得巧妙地利用时间优势。

　　一般来说，最不宜与人进行谈判的时机有以下几个。

避免在周一早上进行谈判。因为周一是周末过后上班的第一天，很多人难以从周末的休闲状态中转换过来，因此会对上班有一点儿厌倦情绪，俗称"上班综合征"。这时候谈判者去与他们谈判，无疑会碰钉子。

避免在对方事情繁忙的时候进行谈判。繁忙的时候，人的思绪比较混乱，情绪也不稳定，这时候最好不要与对方进行谈判。

避免在对方情绪低落的时候谈判。例如，对方心情不好的时候，或者对方遇到难题的时候。

避免在对方身体不舒服的时候进行谈判。例如，对方生病了。这时候与对方进行谈判，一来对方的精神状态不好，二来不关心对方，必然会导致谈判失败。

避免在一天中最疲劳的时间谈判。很多管理者喜欢在下班之后，约员工谈判相关事宜。但是管理者会发现，下班时间谈判的效果不佳。这主要是因为下班的时候，是一天最疲惫的时候。由于疲劳，人的思考能力会降低，而且极容易焦躁不安。因此，在这个时候谈判非常不合适。

如果你的目的是希望在放松的环境中，了解对方在某个项目上的谈判空间或对方的真实想法，那么在非办公时间或办公场所以外对话是比较合适的，因为私下或在比较放松的环境中可以促进双方沟通。创造最佳谈判情境要求懂得避免不合适的时间，掌握最佳的谈判时机。

美国 MSNBC 网站报道，相关研究发现，15:00 ~ 18:00 是最适合人们谈判的时间。美国著名心理学家保罗·努斯鲍姆（Paul Nu ssbaum）曾表示，虽然这个时间人们的身体比较疲惫，但密歇根大学的科学家发现，这段时间人体内的皮质醇水平（一种压力激素）也会下降。这表明，虽然这段时间人的大脑不会像之前那样灵活，但是人会变得更加随和，非常适合进行谈判。此外，谈判者要注意的是，要确定这段时间对方心情愉悦，没有繁忙的工作等，否则谈判也会失败。

（2）选择合适的谈判地点

选择合适的谈判地点，能大大提高谈判成功的概率。

> 日本的一家公司想与另一家公司合作，关键问题是对另一家公司的信誉不是很了解。为了解决该问题，两家公司的决策人约定在一个地点谈判。该地点是一个火车站，车站门口有一座狗的雕塑。雕塑周围站满了人，但是没有人在欣赏雕塑，似乎都是在这个地方等人。
>
> 大家之所以不约而同地选择这个地点等人，是因为这里有一个流传很久的经典故事。曾经有一只名犬叫"八公"，对主人非常忠诚。一天，主人出门没有回来，八公就去火车站等主人，一直等到死。后来人们把八公称之为"忠犬八公"，把它看作忠诚和守信的象征，并在火车站附近给八公建了雕塑。因此，越来越多的人为了表示自己忠诚和守信，会选择在这个地方约会或者谈判。
>
> 当两家公司的人都来到这个地方的时候，他们似乎都能感受到彼此的诚意，谈判顺利进行，最终双方成功签订了合作合同。

两家公司之所以能达到谈判目的，顺利签约，关键在于选择了合适的谈判地点。从心理学的角度看，谈判地点的选择会涉及谈判的环境心理因素问题，有利的场所能够增加自己的谈判筹码。

美国著名心理学家 Trailor（泰勒尔）和他的助手 Lanny（兰尼）曾做过一个实验，证明许多人在自己家客厅里谈话更能说服对方。

这是因为人有一种心理状况：**在属于自己的领域，或者自己熟悉的领域交谈，不需要分心去熟悉陌生环境，更容易促进谈判顺利进行。**如果是陌生的环境，他们往往会变得无所适从，进而会导致精神紧张，最后无法顺利达到谈判目的。

因此，**谈判地点最好选择彼此比较熟悉的地方，或者能够让人放松、愉悦的地方。**这样才更有利于创造最佳的谈判情境。

> 　　一家公司决定关闭他们在乡间的工厂，将生产线转到其他地方。他们要与工人谈判解约条款，工人提出了 19 条要求，否则不离开。老板从总部派出营运总监去和工人代表在工厂谈判。但是，几轮下来，谈判都没结果。最后，工人拿着工具包围了工厂，要求总监同意他们的要求，否则不让他们回去！在叫天不应叫地不灵的地方他们找不到援手，又走不了。于是他们只能暂时中止谈判，改为两天后在市区某酒店的会议厅继续谈判，双方各自派一名代表。

上面的情况其实很容易避免，双方可以找一个都放松的场地，如一家在市区的某酒店，然后由工人代表和公司方代表谈判。这样可以降低双方的戒心，进而能够促进谈判顺利进行。

（3）选择恰当的谈判渠道

通常来讲，谈判渠道分两种。

一是线下谈判。线下谈判即面对面谈判。一般来说，线下谈判，除了要选择合适的地点，还要确保谈判环境的舒适度。例如，光线要温和，周围不能太嘈杂。

二是线上谈判。现在是互联网时代，人们可以不受任何时间、地点约束，在线进行谈判。因此，在线谈判成了越来越多繁忙的商务人士最常用的谈判、沟通渠道。

在谈判时，选择线下还是线上沟通主要看谈判对方的意愿和谈判事情的复杂程度和重要程度。如果对方希望面对面沟通，或者因为事情比较复杂或重要，需要面对面沟通才行，那就要约定合适的时间、地点进行谈判。如果对方工作繁忙，希望可以通过线上谈判，那就可以选择合适的时间，在线谈判。但是要注意，无论是线下的面对面谈判还是在线谈判都必须事先做好充足的准备。这样更利于谈判顺利进行，取得双赢的谈判结果。

当然，碰到复杂的谈判，可能需要多个谈判渠道结合。在谈判碰到僵局时，可能需要私下摸底沟通，很多商业方面的谈判都是这样的。因此，谈判者在日常工作中还要建立和维系这些私下渠道。这个渠道可能是谈判突破困境的关键。

我们再来看一个天时、地利、人和的案例。

> 由于市场竞争激烈，两大药厂 Glaxo（葛兰素史克）和 SmithKline（史克必成）打算合并。它们的人员用了两年时间谈判。谈判流程复杂且过程艰辛，大部分条款达成了，只有一个问题仍未解决：谁当新公司的 CEO。两家公司的 CEO 各不相让，最终导致谈判失败。第二天，两家公司市值蒸发了 190 亿美元（约合 1345 亿元人民币），双方都指责对方太强势导致谈判破裂。
>
> 两年后，Glaxo 的主席 Richard Sykes（理查德·赛克斯）爵士邀请 SmithKline 的 CEO Jans Leschly（詹斯·莱什利）坐他的私人飞机到瑞士。一个多小时的机程，他们谈好让双方都同意的人选 Mr.Garnier（卡尼尔先生，SmithKline 的 COO）当新公司的 CEO，并由 Sykes 当主席，而 Leschly 退休。最终达成了价值 182 亿美元（约合 1288 亿元人民币）的合并！

Glaxo 和 SmithKline 的第一次谈判失败了，但是他们并没有灰心，于是在合适的时机，他们迎来了成功的谈判。所以，谈判有时候的确需要天时、地利、人和，一时谈不成不用灰心，有可能只是时机不对。等待合适的时机，利用合适的方法再谈，便能水到渠成。

本章总结

1. 搜集信息，既需要在谈判前进行，也要贯穿于整个谈判过程中。

2. 需求是谈判的核心，也是谈判的起因。

3. 在谈判中，你的独一无二将成为谈判最关键的筹码。

4. 谈判过程中做出的所有努力，都是为了达到谈判目标。

5. 真正的谈判高手，从不把赌注全部压在第一方案上，而是懂得设置最佳的谈判备选方案。

6. 谈判地点最好选择彼此比较熟悉的地方，或者能够让人放松、愉悦的地方。

第四章
CHAPTER 4

扫除障碍:
确保合作谈判顺利开展

谈判是一个复杂多变的过程，过程中会出现各种各样的难以预估的障碍。谈判者只有扫除这些障碍和陷阱，才能确保合作谈判顺利开展。

01　情绪障碍：学会情绪管理与应对

任何一个谈判高手，都是懂得控制情绪的人。

在实际谈判过程中，情绪很容易阻碍谈判工作。为了让大家清楚地了解情绪在谈判中的影响力，我们来看看以下几个谈判情境。

> A：与客户已经谈好了合作相关事宜，正准备签合同的时候，客户又提出了一个要求，并说："不答应就不签约。"
>
> B：去商店购买电子产品的时候，导购员非常开心地给你介绍产品。当产品出现问题时，找导购员谈判，对方非常冷淡地说："不好意思，这个问题不在质保范围内。"
>
> C：寒假期间，你女儿告诉你："我不想写作业，只想玩手机。"

面对以上这些情境，你很可能会变得非常焦躁，无法冷静、沉着地与对方进行谈判。尽管你希望自己能够理智地处理问题，与对方进行友好谈判，但是你很可能脱口而出的话如下。

> A："这个条件我无法答应，你要觉得不能签就不签。"
>
> B："你们怎么可以这样。买东西的时候顾客是上帝，东西卖出去，出了问题，你们就成了上帝。"
>
> C："不把作业写完，你休想玩手机。"

负面情绪会阻碍沟通顺利进行。

显然，这种带着情绪的沟通方式只会阻碍谈判顺利开展。因此，在谈判中，谈判者要学会情绪管理与应对。

（1）认识自己和对方的情绪，别被情绪牵着走

情绪管理的第一步就是要学会认识情绪。

一般来说，阻碍谈判顺利进行的是负面情绪。简单来说，就是生气、愤怒等。那么，人为什么会生气、愤怒？通常有以下 3 个原因。

第一，人之所以会生气、愤怒是因为各种压力刺激肾上腺皮质，使人精神紧张，让人感到气愤。

第二，除了外界的压力，人们在感到疲倦和烦躁的时候，也会产生负面情绪。

> 张军和客户谈判，他原来预计 1 小时便完成，所以选择下午 4 点半和客户谈，并打算谈完后请客户吃饭。但是，客户不太了解张军代理的产品，问了很多技术问题，还让自己的工程师和质量检测员仔细研究检测和试用该产品。前前后后花了 4 个多小时。这时张军又饿又累，好在终于谈到了价格和条款。报完价后客户说："这个价格有点儿高。"这时张军忍不住说："这个产品就是这个价格，你们检查了这么久应该很清楚性能，要买便买，不买就算了！"客户说："我原本是想说价格有点儿高，我这边今年预算不够，想看一下付款条件能否有些弹性。没有的话，我要看能否动用别的项目预算。"张军马上道歉，但当天单子并没有签成。后来客户冷静下来，加上张军提供的一些补偿，才成交。

张军在谈判的时候，说话的语气明显带着负面情绪。之所以产生负面情绪主要是因为他身体非常疲惫，在这种状态下他很难与对方进行友好谈判。

第三，自己的期望没有得到满足。在谈判的过程中，谈判者都

有自己的期望。当谈判者的期望没有得到满足，反而被对方攻击时，就会产生负面情绪。例如，你提出了一个非常好的建议，对方没有采纳，并且还指出了你的诸多问题。这时候你就会产生压力，你会不断地问自己"为什么会这样"，然后你会评价对方是一个"不可理喻的人"。其实，在这个心理活动中，你已经明显产生了负面情绪，接下来的谈判工作显然无法顺利展开。

所以，当我们感觉自己或对方有压力、疲倦或期望没有达到时，要正视负面情绪的产生，并正确认识这些负面情绪。只有这样做，我们才不会被情绪牵着走。

（2）接纳负面情绪，并找到积极应对的方法

大多数人在谈判过程中，遇到负面情绪的时候，最常见的做法是与之对抗。

例如，男女朋友吵架。当女朋友生气的时候，男朋友会说"你为什么又生气了""至于这么生气吗""这件事根本没有生气的必要"。这种应对对方负面情绪的办法，不亚于"火上浇油"，只会让对方的负面情绪更加严重。

应对负面情绪最好的办法不是与之抗衡，而是要懂得认识负面情绪，并接纳对方的负面情绪。

例如，当对方情绪不高的时候可以转移话题，说一些开心的事情缓解一下气氛，消除对方的负面情绪或者暂停一下，各自离开，整理好情绪再见面。

另外，**千万不要在愤怒的人面前让他冷静，这通常会导致他更**

加愤怒。因为你在告诉他，他很不冷静。要让对方冷静下来的方法其实就是不与他吵，因为他一个人吵不起来。

（3）懂得倾听对方的情绪，是情绪管理的关键

在实际谈判中，大多数人认为谈判就是更多地表达自己，只有这样才能占据绝对的主动权。其实，这种想法是错误的。如果在谈判的过程中，一味地自己表达而忽略对方的感受，很容易引起对方的反感和抵触，导致对方产生强烈的负面情绪。相反，如果能够认真倾听对方的负面情绪，让对方更好地表达自己的情绪，谈判更容易成功。

例如，在谈判的过程中觉察到对方情绪低落，我们可以询问"你怎么看这件事""我想听听你的看法"。这样对方就可以表达自己的想法，释放自己的情绪。一旦情绪得以释放，对方的心情就会放松，接下来，谈判自然会变成一件简单、轻松的事情。

合作谈判的关键是，谈判双方能够轻松、愉悦地交谈彼此的想法，而情绪决定了双方能否愉悦、轻松地交谈。

02　压制障碍：打破优势压制，建立平等谈判

谈判最忌讳的事情就是用权力压制对方。 然而在实际谈判过程中，很多人因为身份、地位或者其他方面有优势，就用这种优势压制对方。优势压制通常表现为一方咄咄逼人，另一方一味地退让，让对方牵着鼻子走。实际上，这样做只会让对方产生逆反心理，破坏合作关系，最终得不偿失。

> 一个连锁超市集团的谈判理念是用自己的力量压迫对方，让对方让步。简单来说就是极限施压。似乎对合作共赢的方法一点儿都不感兴趣。对此我感到很疑惑，便问他们："如果对方受不了不再和你们做生意，甚至破产怎么办？"他们说："那就另找别人。中国这么大肯定能找到愿意合作的公司。如果中国找不到，那便到国外找，天下这么大肯定能找到替代者。"
>
> 几年后，他们突然联系我，想了解如何合作共赢。我好奇地问他们为什么？他们告诉我："之前用的方法一直都挺好，年年让公司和个人获得丰厚的回报。但是，市场经过一轮竞争后，现在能选择的供应商不多，加上公司的市场地位由于近年有新竞争者的加入而下降，不能像以前可以利用采购量来施压，供应商的权力因而提升。有些供应商甚至开始用我们以前的方法来对付我们——要么接受他们的条件，要么免谈！"因此，他们希望我能教他们团队如何和供应商通过谈判建立比较健康、双赢的关系！

在谈判中，没有人能保证自己永远站在上风。所以，利用极限施压来谈判的人最终可能得不偿失。那么如何将这种策略调整为合作谈判？遵循谈判最基本的原则——平等原则，即从双方坐在谈判桌上的那一刻起两人就是平等的。

通俗来说，谈判桌上没有"领导""经理""客户""销售员""爱人"这些身份、权力象征……谈判桌上只有谈判者。

那么在实际谈判过程中，如何打破优势压制，建立平等谈判原则？

（1）面对高压攻势，不要一味地退让

谈判对方采取高压攻势的原因大多是要迫使你让步，如提出强

硬的要求或者摆出如果谈判者不同意对方的要求就中止谈判的姿态。这个时候，你千万不能马上让步。你可以先试探一下对方，例如问对方："是不是我不同意你的要求就免谈？"如果他是虚张声势，他会露出信号，你可以继续谈判。如果是真的要强迫你，你就可以主动采取应对对方高压攻势的措施。

一般来说，与对方高压攻势相对抗的时候，要注意以下 4 点。

1. 不能批评对手，要冷静，要坚持自己的主张，并通过总结对方的建议来表示你理解对方的想法。

2. 要向对方明确自己的想法和意见。

3. 说明自己这么想的理由。

4. 表明对方可以从中获得哪些利益。

与对方高压攻势相对抗时要注意4点。

这种做法即不属于正面攻击，也不是卑躬屈膝地听从对方的意见，而是让对方知道你有自己的主张，并且会坚定自己的主张。这样做可以有效削弱对方的高压攻势。

但是这时候还要注意，不要轻易认为自己明确了主张，对方就一定会转变态度。改变对方本身就是一件非常困难的事情，我们能改变的只有自己。所以，你接下来要做的事情是，进一步通过各种方式传递出"我绝不会按照你所说的做"的信号。这样做不是迫使对方改变，而是可以通过改变自己的行为影响对方的态度，进而慢慢地打破对方的高压攻势。

记住，**在高压攻势面前，退让就是鼓励对方的行为，对方会因为你的退让而变得更贪婪。**

（2）利用谈判力，打破优势压制

不少谈判者在面对**优势压制**的时候，只会采取两种极端的做法。

第一种，用激烈的语言批评对方，与之产生正面对抗。

第二种，听之任之。

其实这两种方式都无法打破对方的**优势压制**，甚至会让对方的攻势愈演愈烈。相反，你要尝试用你的谈判力来打破对方的**优势压制**。

> 比利时有三大超市品牌，最大的是 Delhaize（德尔海兹），占 25% 的市场份额。联合利华是 Delhaize 的一个供应商。Delhaize 不断用高压谈判来压制联合利华，几乎每次都能成功，因为联合利华不想失去这个渠道。在一场谈判中，联合利华决定挺直腰板，不做无条件让步。结果谈判破裂，所有联合利华的货物下架。这个时候联合利华顺势发起了一波宣传攻势，告诉消费者在哪里可以买到他们的东西。结果很多消费者涌到别的超市。当然，他们不只会买联合利华的东西，也会买其他品牌的东西。结果两个星期后，Delhaize 的销售额下跌了 31%。

之后，Delhaize 找联合利华谈是否可以合作。这场谈判会在平等的基础上开始，这就是谈判力的魅力。

你可以利用你的谈判力让采取高压的对方回到平等谈判的位置。何谓谈判力？谈判力来自你有什么利益可以给对方。长期合作的关系，一般不会出现强弱悬殊太大的情况。也就是说，你通常可以用谈判力来让对方不再用高压手段。如果真的不行，你也不能鼓励对方的这种行为，你不能无条件让步，否则只会带来长期痛苦。最坏的情况无非是中断合作，等合适的时间（你的权力回来时）再继续谈。

03 沟通陷阱：揣摩沟通心理，了解对方的言下之意

谈判是一个双方沟通的过程。虽然我们以合作共赢的态度去谈，有利于让大家打开心扉真诚对话，但在实际谈判中，对方不一定会将自己的真实需求直接告诉你。例如，他提出 7 个要求，若你能满足便可以合作。实际上，要满足所有的要求是不可能的，而且你也知道他不是让满足所有要求的。但是，关键问题是，你不知道哪些是必须满足的要求，哪些是次要的要求。这其实就是一个沟通陷阱。我们要想避开这个陷阱，就要懂得揣摩对方的心理，了解对方的言下之意。

在实际谈判过程中，绝大多数人之所以不能达到谈判目的，关键原因在于无法读懂对方的心理，不了解对方的意图。

> 情人节当天，刘瑞和男朋友朱文一起逛街。刘瑞在一家卖包的店里看中一款包，并问朱文："你觉得这个包怎么样？"
>
> 朱文笑着说："我觉得还不错。多少钱？"
>
> 旁边的导购员回答："这款是我们家的新款，价格是 599 元，不参与店内其他活动。"
>
> 朱文眉头一皱，觉得一个这么小的包 599 元有点儿贵，于是

> 和导购员说："包的款式还行，但是这个价格我觉得可以买个性价比更高的。"
>
> 导购员回答："这款包是全牛皮的，看上去很小，但其实很能装，可以说性价比相当高。当然，也有一款性价比差不多的，价格便宜100元，我拿给您看看。"
>
> 朱文拿着导购员推荐的包看了看说："这两款款型差别不是很大，而且这个颜色更好看一点儿。"
>
> 一旁的刘瑞连连点头说："我也觉得，而且这个价格便宜不少呢，就拿这个。"

懂得揣摩对方的心理，
更利于达到谈判目的。

朱文当时说"包的款式还行，但是这个价格我觉得可以买个性价比更高的"，言下之意是"这个包值不了那么多钱""有没有款式差不多，价格稍微便宜一点儿的包"。因为导购员听出了朱文的言下之意，才能顺利成交。试想一下，如果导购员执意说："这个包就是这个价格。"那么朱文很可能不会购买这款包，也不会购买其他的包，这意味着谈判失败。

可见，在谈判时，听力非常重要。你要尝试在对方的话中听到对方的言下之意。美国脑神经学家 Seth Horowitz（塞斯·S.霍罗威茨）指出我们大脑对听到和听见的反应是有分别的。听到一些日常常见的背景声音时，如日常的风声、汽车声或餐厅其他客人的聊天声音，大脑会直接过滤掉这些噪声。听见则不一样。当你听见时，大脑的另一位置会通过另一条通道接收耳朵发出的电流脉冲，我们可以简称这条通道为"听见通道"。然后，我们会自动启动一个防御机制——你所听见的会取代背景噪声，让你开始听见和处理这些信息。所以听到不等于听见。在谈判中，我们需要做的是听见。

我们越来越难听见声音是因为背景噪声太多了，大脑习惯将听到的过滤成为噪声。所以，我们要训练我们的听力，让大脑经常启动那条"听见通道"。例如，你在跑步时可以多听一些新歌而不是你常听的老歌。你也可以多留意他人说话时的音调和情绪变化，重要的是一些和平常不同的声音要多加留意。

当我们在谈判中能做到听见时，我们就能捕捉对方发出的更多信号，然后便可以通过揣摩这些信号，去发现对方的动机和谈判目的。这样一来，谈判自然能轻松突破。

沟通陷阱不仅存在于语言中，还存在于非语言中。加利福尼亚大学洛杉矶分校曾做过沟通方面的相关研究。研究表明个人行为表现给人的印象 7% 取决于用词、38% 取决于音质、55% 取决于非语言交流。因此，在谈判中，我们除了要读懂对方 45% 的语言，还应当读懂对方 55% 的非语言。这样才能确保 100% 地获取对方的信息，更利于促进谈判顺利进行。

身体前倾：表明对方对你所说的内容非常感兴趣或者非常认同你的观点。

双手搭成塔尖状：表明对方非常自信，说明对方手上还留了好牌。

双臂交叉抱起：表明对方有抵御心理。

皱眉：表示对方不认同你的看法。

但是，谈判者要注意，在实际谈判中，如果你单靠非语言行为来判断对方的看法，很容易被误导。即便他们不是故意误导，有些人的习惯也可能和上面描述的不一样。

> 我之前给一个客户介绍方案的时候，对方一直皱着眉头。我以为对方不满意，对自己的方案非常没有信心。最后问他要不要购买时，没想到他立马同意了，而且没有还价。后来我发现，原来皱眉是他的习惯，他专心听时就会皱眉。另外，我也遇到过很多次，在我介绍方案时，对方身体前倾，非常专注。但是，最后问他们要不要买时，他们说："你的东西挺好的，我们商量一下再给你打电话吧。"结果电话一直没响。原来他们只是保持礼貌而不是真的感兴趣。

所以，在通过非语言行为判断对方的想法时，一定要结合实际，最好是建立在收集对方行为"数据"的基础之上。当他的行为和日常行为不同时，他有可能是在撒谎或有所隐瞒。简单来说，就是比较对方眼前的行为和平常行为有没有不同。

你要收集足够的数据，需要很长时间，对家人、朋友、长期合作的同事或许能做到，但对业务上的谈判对手则很难做到。所以，在谈判中，通过非语言行为判断对方的想法时，一定要结合对方当时说的话进行综合判断。

04 谈判禁忌：规避禁忌事项，减少谈判阻碍

谈判高手知道自己在谈判的过程中要说什么，更知道自己不应该说什么。然而在谈判中，很多谈判者往往会因为逞口舌之快，触碰到了谈判中的禁忌事项，阻碍了谈判顺利进行。

> 刘东在公司的市场部工作一年了，但是与客户谈判的时候，还是显得慌慌张张。
>
> 一次，领导安排他与客户谈新产品的合作事宜。刘东联系了一位客户，然后欣然前去拜访。
>
> 刚见面，简单打招呼后，刘东就滔滔不绝地介绍自己公司的新产品："我们公司的这款产品性价比非常高，现在市面上还没有能与我们的产品媲美的。如果你能与我们公司合作，一定能够获得丰厚的利润。"
>
> 客户打断刘东说："说实话，我对你们公司这款新产品的兴趣并不大。你们的品牌名气也不是很大，我完全可以找一家名气更大的公司合作。"
>
> 刘东连忙解释道："我们这款产品是独立设计的，无论是外观还是体验感都比其他公司的产品性价比高。"
>
> 客户这时候有些不耐烦地说："我对你们的产品了解不多，我不想承担太多风险。"
>
> 刘东气愤地说："你的意思是担心我们的产品是假冒伪劣产

> 品？我告诉你，我们可是正规公司，你可以上网查。"
>
> 客户此时十分恼火，说："既然你这么说，那我们也没有谈判的必要了，更没有合作的必要。"说罢就起身离开。

盛气凌人，不考虑对方的感受，
是谈判中的禁忌。

刘东的谈判初衷很简单，寻找的客户也非常精准，但是谈判却不尽人意。这是因为他触碰了谈判禁忌，在谈判的过程中，不仅夸大事实，还盛气凌人，没有考虑客户的感受。

在谈判中，一定要注意以下禁忌。

（1）谈判使用的语言切忌太夸张

美国著名作家马克·吐温曾说："如果你说实话，就不必为记住自己的谎言而费心了。"在实际谈判过程中，尤其是商务谈判中，很多人为了达到自己的谈判目的，会夸大事实。例如，上述案例中的刘东，在介绍自己公司的产品时说"我们公司的产品性价比比其他公司的产品性价比高"，这很有可能让对方感觉是在夸大事实。

实际上，在谈判中，夸大事实不仅不能促进谈判顺利进行，反而会给谈判带来更多负面影响。例如，你夸大产品的功效，对方听信你说的话，购买产品后发现并没有这种功效，对方就会有一种上当受骗的感觉。

销售大师乔·吉拉德曾表示："有推销痕迹无可避免，但过分夸大事实就等于欺骗。在谈判中，一旦让客户因为你的言过其实而签单，表面看上去你赚了一大笔，实际上，一旦真相暴露，他会气急败坏告诉所有人。短时间内，行业内的其他人都会知道这件事，而想要再修复这种关系，难度会很大。"因此，在谈判中，谈判者表达的时候，一定要描述事实，要有最基本的操守和底线。否则，只会阻碍谈判顺利进行。

（2）忌盛气凌人、颐指气使

在谈判的过程中，有的谈判者会因为自己的身份高人一等，或者实力强一些，就在谈判中显得盛气凌人、颐指气使。殊不知，盛气凌人、颐指气使是谈判中的大忌。这样的人会遭到对方的厌恶，也极容易伤害对方的感情，进而会导致对方产生报复心理。可想而知，在这种情况下，谈判必定会走向失败。

为了避免这种情况产生，在谈判中，**无论你的地位有多高、资历有多老、权力有多大，只要双方坐在谈判桌前，就要遵守平**

等原则。

反过来说，如果你的资历较浅，年纪较轻，也不要妄自菲薄。只要你熟悉你的产品和服务，对谈判做好足够的准备，你就要自信地和对方平等交流。你要知道，对方比你的资历老不代表他一定懂得比你多。

（3）忌模棱两可

在谈判中，有的谈判者因为对谈判对手不了解，在表达自己的要求或者回答对方的问题时，往往模棱两可，不敢具体提出要求或回应。例如，会说"还行""也不是不行""我要10%～15%的折扣"……如果你的言语含糊不清，就会给自己造成混乱和不必要的压力。同时，还会让自己处于被动状态，让对方有机可乘。

因此，在谈判前，谈判者要做好充分准备，要认清自己和对方的优势，并对谈判进行充分预估。如果对方的问题你一时想不到如何回应，可以总结一下他的问题，礼貌地告诉他目前你没有足够的信息做出回应，回去找到相关信息后会告诉他。此外，你提出的建议要够具体，若没有足够的数据帮你提出具体建议，可以做一些必要的假设。例如，对方可能提出的问题，或者谈判中可能出现争议的问题。这样才能确保谈判时不论出现什么情况，都能够做到随机应变。

（4）忌以自身为主

有些谈判者在谈判的时候会以自身为主，表达自己的想法，关注自身的利益，从不考虑对方的想法和感受。这种做法很容易引起对方反感，让对方不想与你深入交流，最终会导致谈判无法顺利进行。因此，在谈判中，谈判者忌以自身为主，要多换位思考，认真倾听对方的想法和感受。这样既是对对方的尊重，又能够从对方的表达中获取更多相关信息，促进谈判顺利进行。

（5）忌道听途说

为了达到谈判目的，不少谈判者会通过各种渠道搜集对方的信息。这其实是正确的做法，但是在与对方谈判时，一定要谨慎。在向对方透露相关信息时，一定要有准确的数据及数据来源，不能信口开河。否则，很容易让对方觉得你不够稳重，进而不愿意继续与你谈判。例如，不要说"我听说……"之类的话。

在谈判过程中，不知道说什么并不一定导致谈判失败，但是如果触碰谈判禁忌，一定会导致谈判失败。

05 情感差异：去异求同，寻找共同的连接

合作谈判的目的是实现双赢，而实现双赢的关键是要懂得求同存异，寻找共同的连接，让双方都能够获得利益。利益虽然是谈判的主要考虑因素，但谈判始终是人与人之间的行为。如果可以选，人会倾向和喜欢的人合作而不与没有好感的人合作。所以，在实际谈判中，懂得去异求同，寻找共同的连接可以让谈判顺利进行。

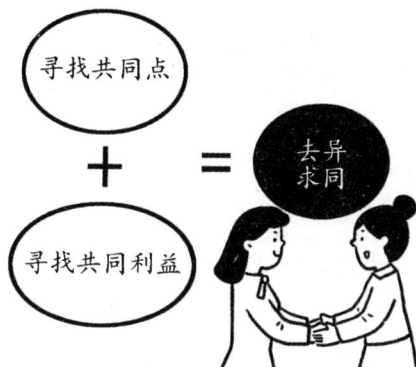

去异求同的两种方法。

（1）从对方身上寻找共同点

从对方身上寻找共同点，可以获得对方的认同，从而促进谈判顺利进行。在行为心理学中，有一个现象叫连接，意思是如果你能找到和对方的共同点，共同喜好甚至经历，可以让双方产生认同感。

> 一次，我出差，因各种问题飞机飞不了，反复登了3次机，导致延误了19个小时。抵达目的地后，在提行李时，我发现同一个航班上的一对夫妇好像对目的地不是很熟悉。于是，我等他们提完行李后一起出去，一起兑换当地的货币，并带他们找到去他们酒店的交通工具。之后，我才赶往我的目的地。其实，我们素未谋面，以后也基本上不会见面。我之所以要帮助他们，正是因为航班的延误让我们之间产生了连接。

我们再来看一个可口可乐的经典案例。

可口可乐在2014年选了网络流行词印在可乐瓶上，如"喵星人""高富帅""闺蜜"。瓶身上出现这些词的几个月里，消费者会因为这些有趣的词而买单，而且还会将图片放在网上。可口可乐公司也因此扭转了下滑超过十年的业绩跌势，而且业绩还有 2% 的增长。这个推广方法一直在用。它成功的原因其实很简单，就是客户通过这些词和可口可乐产生了联系，因而会购买。

所以，只要能产生连接，人与人之间的距离就能被拉近，谈判自然会更加容易。在谈判中，要产生连接，最好的方式就是从对方身上找共同点。

一般来说，寻找和谈判对手之间的共同点可以从以下几个方面入手。

工作方面的共同点： 例如职业相同、奋斗目标相同等。

生活方面的共同点： 例如人生经历类似，有相同的境遇等。

兴趣爱好方面的共同点： 例如喜欢看电影，都爱好古典音乐或者文学等。

（2）寻找共同利益

合作谈判的根本目的是双方获利。因此，**去异求同，寻找共同连接的关键是寻找双方的共同利益。**

> 周婷在一次短途旅行中与同车的人产生了争执。当时天气有点儿热，司机开了空调。但是车上有人吃零食，气味比较重。于是周婷将窗户打开并和旁边的乘客说："车里面的异味太重了，我打开窗户散散味儿。"但是旁边的乘客不同意并说："这样空调的冷气都跑出去了。"他们便开始争执起来。
>
> 司机发现后，立即停车调解。经过了解，得知两个人是因为关窗户的问题起争执。为了解决这个问题，司机建议说："开一点儿口通风，这样既能保证空气流通，也可以确保车内的温度适宜。"两个人欣然同意了司机的提议。

寻找共同利益，问题更容易解决。

这就是共同利益的神奇力量。无论两个人的争执有多大，只要确保都能够从中获得利益，那么问题自然可以得以解决。

所以说，在谈判的过程中，存在差异并不是一件可怕的事情。可怕的事情是你不懂得从不同中寻找相同点，将自己和对方连接在一起。

06 文化差异：尊重理解差异，减少文化冲突

谈判作为一种人际交往形式，必然会接触不同的国家、区域和社会文化，从而产生跨文化谈判。在跨文化谈判中，不同文化的差异必然会影响谈判者的谈判风格，进而会影响整个谈判的进程和结果。因此，谈判者要想顺利开展谈判工作，必须尊重、理解文化差异，减少文化冲突。

一般而言，文化差异对谈判的影响主要表现在语言环境（包括

语言因素，也包括非语言因素）、非语言环境、谈判风格、世界观、个人文化等几个方面。

文化差异对谈判的影响。

语言环境。语言是任何国家、地区的人们进行沟通的桥梁，在实际谈判过程中语言的差异非常明显。来自不同文化背景的谈判者，所使用的语言会存在很大的差异。

非语言环境。非语言，即肢体语言。文化差异对谈判进程的影响不仅表现在语言上，还表现在非语言上。文化背景不同，会导致谈判者在非语言上存在很大的差异。在实际谈判过程中，谈判者会用非语言的方式发送或者接收大量的信息。但是如果文化背景不同，对方极易误解你发出的信息，而且意识不到自己的错误。例如，与美国人谈判，如果你不看他的眼睛，他会认为你不够真诚。但是与日本人谈判，如果你一直盯着对方的眼睛，对方会认为你不尊重他。

谈判风格。 除了语言和非语言上的差异，谈判者的谈判风格也会因为文化背景的不同而存在很大的差异。谈判风格体现在谈判活动中谈判者所表现的行为、举止和谈判方法上。不同文化背景的谈判者，在这些方面会有很大差别。例如，日本人的谈判风格比较有礼貌，较多采用正面承诺，很少会采用命令、警告等言论；巴西人在谈判的过程中经常会用到"你""不"，他们的谈判风格比较豪迈，在谈判的过程中会不时凝视对方、触碰对方；法国人的谈判风格更放肆，他们比较喜欢用威胁和警告的言论。因此，谈判者必须清楚地了解对方的谈判风格，才能有效减少文化冲突，促进谈判顺利进行。

世界观。 不同文化背景的人，其世界观也不同。例如，对美国人而言，时间就是金钱。但是，对中东和拉丁美洲的人而言，时间是应当被享用的。

个人文化。 个人文化通俗来说就是个人的相关情况。例如，个人性格、喜好、生活方式、文化程度、家庭结构等。个人文化的不同也会导致谈判风格和行为不同。性格比较开朗的人，说话比较直接，而性格内向的人，说话比较委婉。

以上这些文化差异，在实际谈判过程中我们要如何面对，以减少文化冲突，达到谈判目的呢？

（1）充分了解不同国家的文化

Scotwork（苏格兰坊）在全球 40 个国家都有顾问，对于各地的文化差异有一定的了解，下面是它总结的 37 个国家不同文化的体现。

奥地利： 职位很重要，有时互相之间只称呼职位而不是姓氏。

此外，他们喜欢妥协，不喜欢对方直接和自己说不。

澳大利亚：职位不是很重要，所以在谈判中不要强调你的职位或地位，这不但对你没有帮助，反而可能起反作用。此外，他们喜欢开放和直接的讨论。

比利时：他们喜欢直来直去，喜欢讨价还价，喜欢选择中间者，不喜欢交换。

巴西：他们喜欢以聊天的方式来破冰。此外，安排会议的时间要具体，例如下星期三 11:00。

保加利亚：他们非常喜欢说话，且善于用很长的论点与你争辩。

加拿大：他们很自豪自己的传统，看重彼此的关系。所以，我们最好是先与他们建立关系，再谈正事。此外，他们比较倾向和谐，希望避免冲突，不习惯提出自己的诉求。

哥伦比亚：他们通常不会直接拒绝，有时候可能要进行两轮谈判，他们才会告诉你是否感兴趣。此外，他们喜欢说服，喜欢通过聊天建立关系后才去谈正事。

克罗地亚：通常要价很高、喜欢讨价还价多于交换、决策链很长，因此，与他们谈判要保持耐心。

捷克斯洛伐克：他们喜欢说服，比较容易情绪化。此外，他们对自己的国家感到很自豪，因此要尊重他们的爱国情怀。

丹麦：他们喜欢直接、具体的表达，否则他们会觉得你很慢。

芬兰：对数字敏感、分析力强、不拐弯抹角、不容易流露情绪。

法国：很少准时、比较直接、喜欢投诉和挑战现有流程或做法。此外，对他们来说，专业证书可能比经验和能力更重要。

德国： 不要迟到，这对他们来说是非常无礼的行为。他们喜欢精准和质量，但不一定愿意付出相应的代价，也喜欢讨价还价。此外要注意的是，他们的名字是留给朋友称呼的，谈判时最好以姓氏称呼。

希腊： 他们很喜欢聊天，什么话题都可以聊，而且非常好客，你到访时他们会盛情款待。同样，当他们拜访你时他们也有相同的预期，因此不要怠慢他们。此外，他们喜欢开出天价后再慢慢谈判。

印度： 他们喜欢先聊天再谈正事，所以要多让他们说话。这样你也可以了解更多对方的信息。他们也喜欢开出天价后再大力砍价，所以你要预留足够的谈判空间。

爱尔兰： 谈判中，就算已经谈好，客户还是会认为条款可以更改。此外，政治和宗教在爱尔兰都是敏感话题，尽量不要碰。

意大利： 他们很喜欢说服，说服不了他们会倾向拖延。他们对对方的信任度很低，会设置很多不必要的条款保护自己。

日本： 他们很不愿意透露信息，觉得透露得越少越有利。他们做出的决策很多是群体决策，而且决策链很长，因此，你要耐心等待。此外，小心坐的位置，拜访方要坐远离门口的位置。

黎巴嫩： 他们对于对方给的信息，必定要查一下是否属实。此外，要预备回答所有问题，就算不知道答案也要回答，不能给对方留下你不知道答案的印象。

匈牙利： 永远先拒绝第一个方案，喜欢很长的谈判。要注意的是，千万要记住他们是姓氏开头，这一点和中国人一样。例如，Papp Zoltan，你不要称呼他 Zoltan 先生，应该是 Papp 先生。

拉脱维亚： 他们很喜欢篮球，篮球可以说是他们的第二信仰，所以，懂一点儿篮球知识对谈判者来说非常有利。

毛里求斯： 这个家有很多不同的文化，因此，了解对方的文化很重要。此外，他们的合同执行力很弱，因此，一定要确保合同清楚说明何人何时何地执行，越细致越好。

墨西哥： 他们很重视个人关系，你必须和对方建立关系才能进行谈判。此外，商务正装在商务会谈中很重要，短袖衬衫会被他们视为不礼貌。

荷兰： 他们的风格比较直接，因此，不要因为他们的直接而认为自己被冒犯。此外，他们不喜欢午饭时谈生意，对职位、地位不感兴趣，只看你的能力、经验和成就。

新西兰： 他们的民风比较淳朴、友善，谈判重视坦诚和直接。另外，在当地的毛利文化中，把舌头伸出来是非常具有攻击性的行为。

挪威： 他们比较放松，不会斤斤计较。但是，他们的主观意识很强，你需要给他们很多证据才能改变他们的看法。

波兰： 他们很看重守时。此外，要注意不要跟他们聊关于俄罗斯的事情。

罗马尼亚： 他们都喜欢说话，而且经常会提高音量，但这不代表他们生气了。

俄罗斯： 重要的事一般不在会议室谈，会在餐厅或桑拿房才开始谈。

新加坡： 不要正眼看着对方，这会显得不尊重，特别是在对方比你年长的情况下。

南非： 如果对方是本地 Zulu（祖鲁人）或 Xhosa（科萨人），

那么不要马上谈生意，要先聊聊天。

西班牙：他们的生活比较休闲，因此你要做好谈判比你预期的时间长很多的心理准备。通常情况下，他们的第一次会面是用来建立关系的，不会谈正事。

瑞典：不要吹嘘你的成就，因为瑞典人比较低调。此外，他们需要一点儿时间达成共识，所以不要逼迫他们立即做决定。

瑞士：守时很重要，忌模棱两可，重视清晰的议程。

土耳其：他们的阶级非常分明。你首先会和最下级的人交往，但是他们不能做主。因此，你要一步步建立关系，这样才能见到决策人。

英国：要小心阅读信号，他们说"我不能完全同意"可能是代表拒绝而不是有可能。此外，他们重视秩序，不喜欢混乱，所以，谈判最好有条理地开展。

美国：要小心性别、种族、宗教、文化、年纪、性取向、身体残疾等话题。地区差异非常大，谈判风格不尽相同。

每个地方的文化都不同，在与不同文化的人谈判前要做好调研工作，可以向熟悉该地方文化的人取经。此外，在和对方第一次沟通时要准备充分并小心对话，千万不要被一些刻板印象或定形的观念影响。要记住，**你在接触他人之前，对于他们的文化及一切都只是假设。**

（2）理解并尊重谈判对手的文化

理解并尊重谈判对手的文化差异，是减少文化冲突的关键。

　　跨文化谈判过程之所以困难重重，大多是因为双方没有理解并尊重对方的文化差异。

　　所以，为了达到谈判目的，谈判者不仅要事先了解对方的文化，还要懂得接纳、理解并尊重对方的文化。

　　文化差异是在所难免的，为了避免这种差异阻碍谈判顺利进行，谈判者应当保持互相理解、尊重的态度。理解、尊重其实不仅可以减少文化冲突，也是谈判平等、顺利进行的前提。

本章总结

　　1. 合作谈判的关键是谈判双方能够轻松、愉悦地交谈彼此的想法。

　　2. 谈判最忌讳的事情就是用权力压制对方。

　　3. 在高压攻势面前，退让就是鼓励对方高压的行为，对方会因为你的退让而变得更贪婪。

　　4. 沟通陷阱不仅会存在于语言中，还会存在于非语言中。

　　5. 谈判高手知道自己在谈判的过程中要说什么，更知道自己不应该说什么。

　　6. 无论你的地位有多高、资历有多老、权力有多大，只要双方坐在谈判桌前，就要遵守平等原则。

　　7. 去异求同，寻找共同连接的关键是找到双方的共同利益。

第五章
CHAPTER 5

开局攻略：
锁定目标，稳步推进

　　谈判的最终目的是达到设定的目标，并确保其得以执行。为了实现这一点，我们必须在谈判的整个过程中，时刻锁定自己的目标，并同时关注对方的目标。只有这样，我们才能使谈判朝着我们想要的方向发展。

01　盯紧目标，不要被带偏方向

在谈判过程中，谈判者如果不能紧盯谈判的核心目标，就很容易被对方带偏方向，导致自己的谈判目标无法达到。因此，在谈判过程中，谈判者不能想到哪里说到哪里，而要紧盯谈判的核心目标，把谈判带入正轨，并掌控谈判进程。

> 左林刚刚参加工作，担任某商超的采购专员，负责酒类产品的采购和供应商管理工作。左林谈判目标非常简单，就是尽量降低采购价格。一次谈判进行到一半，一家供应商突然提出要加收一些远距离的配送费，他之前从来没有听说过这类费用。左林对此感到非常疑惑，认为这个费用不合理，双方在此项费用上争执了很久。最后对方终于做出了妥协，表示这个费用他们可以减免，就当作整体报价的优惠。双方最终达成了协议。之后左林越想越不对，他本来的谈判目标是在以前的价格基础上降低价格，而不是减免配送费用后维持原价。

一旦被对方带偏方向，
你的谈判目标就无法达到。

左林显然被对方带偏了方向。当对方提出所谓的"远距离配送费用"的时候，左林的注意力就成功被对方转移了。然后在双方的争执中，左林彻底偏离了自己的既定目标，这时谈判的主动权就完全交到了对方手上。所以，在谈判过程中，谈判者一定要紧盯自己的谈判目标，不要被对方的干扰带偏了方向。

实际上，**设定清晰的目标，是我们做好任何事情的前提**。在事前设定清晰的目标，能提高我们做事的成功概率。在谈判中，虽然有很多谈判者已经意识到设定谈判目标的重要性，但是他们无法做到在整个谈判过程中紧盯这个目标。在谈判中，我们非常容易被很多无关紧要的问题打乱思绪，有些问题可能是对方故意设置的，导致即使一开始我们明确了谈判目标，并下定决心实现这些既定目标，还是会在谈判中迷失方向。

那么，在实际谈判中，如何做才能紧盯目标，掌控谈判呢？

（1）谈判开始前，再次提醒自己谈判的目标是什么

不少人在开始谈判的时候，因为自己不够明确或被对方先入为主，而忽略了自己的谈判目标。因此，在谈判即将开始之际，应当再次问自己："我今天的谈判目标是什么？要达到什么结果？"

没有明确自己的目标就开始谈判，好比自己坐上了一辆过山车，一路狂飙，头晕目眩，但自己却毫无掌控能力。

（2）在谈判过程中，提醒自己检查是否达到目标

谈判之初能明确你的目标只是第一步，这并不意味着你在谈判

中能锁定这个目标，并达到你期望的结果。

　　谈判本身是一个复杂多变的过程，新的信息会不断出现，对方也会不断提出新的诉求，甚至你会发现当初设定的目标并不合适。这个时候，谈判者的聚焦点将会遭受严峻的挑战。

　　例如，上述左林谈判的案例。原本左林的目标只是就产品价格进行谈判，但是对方忽然提出"远距离的配送费"这个问题。左林的谈判思路显然受到了干扰，并偏离了既定的谈判方向，导致无法达到自己的谈判目标。

　　谈判者要避免这种情况产生，就必须在谈判过程中时常提醒自己检查谈判目标的达到情况。例如，左林在谈判过程中可以提醒自己"这个远距离配送费的问题和我的谈判目标是否相关"。如果没有关联，并不能促进达到目标，就要小心，不要被对方带偏。即使对方在谈判中提出新的议题，你仍需要把自己预先设定的议题放到谈判桌上和对方进行商谈，然后双方就各自的核心问题继续展开谈判。最起码要做到不只是谈对方的问题。

　　在谈判过程中，如果没有提醒自己不断检查谈判目标的达到情况，就好像航海不看罗盘，完全跟着感觉走，再有经验的船长也没有办法保证不会偏离航向。

（3）控制你的情绪，避免你被情绪控制

　　人在情绪激动的时候，往往会变得非常不理智，没有办法冷静地思考，有时甚至会完全忘记自己的目标。所以，谈判者要想做到紧盯目标，还应当学会控制好自己的情绪。

> 刘宇的老公经常凌晨一两点才回家，为此刘宇感到非常困扰，决定与老公好好谈谈。
>
> 刘宇用非常温柔的语气和老公说："你以后不能每天那么晚回家，尽量在晚上11点之前到家。熬夜对身体不好，而且第二天上班也没有精神，会影响工作效率。"
>
> 老公很不屑地说："我是去应酬又不是去玩，还不是为了工作。"
>
> 听到老公这么说，刘宇非常生气。她心想：最近两天根本就不是出去应酬，明明是和同学吃饭、喝酒，朋友圈都有照片。但是刘宇并没有发脾气，而是依然平静地说："知道你平时工作辛苦，那没有应酬的时候能不能尽早回家？我也想让你多陪陪我。"
>
> 老公沉默了一会儿过来抱着刘宇说："好的，老婆。我最近确实压力比较大，有时候也需要释放一下。你也很辛苦，我以后会尽早回来陪你的。"

控制好情绪，
谈判才能顺利进行下去。

试想一下，如果刘宇在听到老公的回复后，揭穿或责骂老公，甚至扩散到生活中的其他问题上，会是什么样的结果呢？双方可能会激烈地争吵起来。这时候谁也不知道自己的主要诉求是什么，只会专注于证明对方有问题，自己没有问题，而结果往往就是两败俱伤。但是，证明对方有问题真的是我们的目标吗？我们的目标应该是达成自己的诉求。我们在现实生活中经常想通过证明对方有问题或压制对方来达到自己的目标，而结果往往是引起了更多的争执。刘宇在这种情况下很难得地控制住了自己的情绪，就事论事，并对老公表达了自己的期望，最终获得了对方的理解，达到了自己的谈判目标。

在生活中我们可能很难不受情绪控制，但是谈判时，我们就需要刻意不被情绪控制。只有这样，我们才能专注于谈判目标，理性地提出自己的诉求，并围绕主要议题推进谈判。

02　抬高开价，为谈判预留空间

美国著名外交家、国际问题专家 Henry Alfred Kissinger（亨利·基辛格）曾说："谈判桌前的结果，完全取决于你能在多大程度上抬高自己的要求。"这句话的言外之意是，要想达到谈判目的，在开始和对手谈判的时候，开出的条件一定要远远高出对手的预期。但是，实际上真的如此吗？

我并不建议在销售过程中过分抬高开价，这样不但有可能吓到对方，还有可能激怒对方。我的建议是，可以适当地抬高开价，这样可以为双方预留一定的谈判空间，进而可以有效地避免对方紧贴自己的目标开价而出现僵局。

一般来说，在谈判之初适当抬高开价有以下几个好处。

（1）预留谈判空间

如果你的开价完全没有给自己预留谈判空间，那么只可能得到两种谈判结果：

第一，在你有绝对优势的情况下，拿到所有你想要的东西；

第二，在对方更有优势的情况下，突破你的底线，因妥协而成交。

以上两种情况都不能实现双赢，而这不是合作谈判的最终目的。相反，适当地抬高开价，可以帮助谈判双方预留谈判空间，更利于大家达到双赢的目的。

为了让大家明确这一点，请看以下两个场景。

> A：林周周开了一家服装店。她按照 50% 的目标毛利给每件商品定价，结果由于进店的客户都要讲价，所以第一个月生意做下来只有 22% 的综合毛利。算上店租、人员工资、水电费等运营成本，亏了 3000 多元。
>
> B：周琳琳开了一家网店，同样是做服装生意，但她是按照 50% 的目标毛利加 20% 的余量定价，而且在碰到电商大促的时候还会在之前的价格基础上适当往上调。一年生意做下来综合毛利为 43%，净利润也达到了 16 万元。

定价策略：按照50%的
目标毛利给每件商品
定价。
当月综合毛利22%，亏
了3000多元。

亏损

收银台

A.

某宝网

快递

净利润

定价策略：按照50%
的目标毛利又加了
20%的余量定价。年
综合毛利43%，净利
润达到16万元。

B.

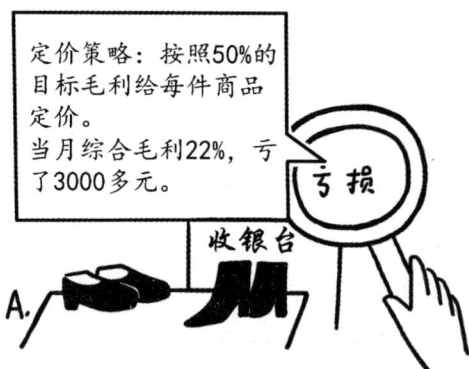

适当抬高开价，
可以预留谈判空间，
为自己争取更多利润。

这两种场景其实是一样的，只是林周周和周琳琳运用的开价方式不同。很多人会完全按照或者紧贴自己预期的目标开价，不给对方预留议价空间，也不给自己预留让步空间。实际上，这些人就是没有为后面可能出现的谈判做好准备，这样必然导致自己在谈判中受挫。

（2）更大限度地保障自己的利益

如果你的开价没有给谈判预留议价空间，那么你很可能将自己置于非常被动的境地，而且很可能低于自己的目标成交。这一定不是你谈判的最初目的。虽然不能过分抬高开价获取非常规收益，但是你也不能畏缩。你应当尽力保障自己的利益。

（3）确保自己能灵活变通

开出高于目标的价格，其实也是在给自己留退路，让自己能够灵活掌握谈判的进程。

如果谈判者一开始就紧贴自己的目标开价，会让自己在谈判中丧失谈判空间，这样非常容易导致谈判出现僵局。但是，如果谈判者一开始就开出超过目标的价格，就可以确保自己在谈判过程中灵活变通，可以适当做出让步。

（4）让对方觉得物有所值

人们都喜欢有价值的东西。在谈判过程中，你的开价可以锚定你的产品在对方心中的价值。

例如，小王非常喜欢买Z家的衣服，虽然他总是在打折季买，但当别人夸赞他的衣服很好看并且问他在哪里买的时候，他总是很得意地说是在 Z 家买的，原价是 599 元。有小王这种心理的人不在少数，人们都喜欢去印证自己买了一件物超所值的物品。在谈判中，也是如此，你的开价实际也是在给对方一个价值锚定。

谈判者适当抬高开价要注意以下 3 点。

第一，抬高开价要有限度。一般来说，只要适当高出你的目标，能为谈判留有余地即可。

第二，不要开完价就立刻松口说可以还价，这样只会告诉对方你对自己的开价没有信心。这个时候对方自然也不会把你的开价当成一回事，甚至会觉得你没有诚意与他谈。

第三，高于目标的开价，指的不只是价格，也可以是其他的附加条件。我更倾向在价格上不做明显让步，但在其他的附加条件上预留额外的空间。这样也可以有效避免谈判陷入不断讨价还价的僵局。

> 1. 抬高开价要有限度。
>
> 2. 不要开完价就立刻松口说可以还价，这样只会告诉对方你对自己的开价没有信心。
>
> 3. 高于目标的开价，指的不只是价格，也可以是其他的附加条件。

适当抬高开价的注意事项。

抬高开价的关键不在于获取更多的利益。从某种程度上说，这只是一种谈判策略，能够有效避免谈判陷入僵局，并能为双方预留谈判空间，而且还能在促进双方达到谈判目的的基础上，改善双方的合作关系。

03　大道至简，不必使用复杂的策略

很多谈判者在谈判中会采取"红白脸"策略，即在谈判的过程中，利用对方既想与你合作，但又不愿意与难缠的对手打交道的心理，以两个人分别扮演"红脸"和"白脸"的角色，或者一个人分饰两个角色，促使对手妥协的一种策略。

这里的"白脸"是强硬派。在谈判过程中，"白脸"的态度比较坚决，不仅不会轻易退让，还会咄咄逼人。"红脸"是指温和派，态度比较温和，对对方的观点会表示赞同和理解。

在谈判过程中，"白脸"和"红脸"会相互配合。"红脸"可以拿"白脸"来压制对方，然后再说服和劝说对方。如果没有达到效果，"白脸"再以强硬态度压制对方，直到对方妥协就范。

"红白脸"这种策略看上去很有效，但是我并不建议大家经常使用。因为在实际谈判中运用这个策略会存在很多问题，具体如下。

1. 不适用于长期合作的场景。
2. 不适用于己方处于弱势的场景。
3. 严重影响谈判效率。
4. 会把谈判拖入泥潭。
5. 容错概率低。
6. 降低信任感。

"红白脸"策略存在诸多问题。

（1）不适用于长期合作的场景

"红白脸"可以说是一个比较老套的谈判策略。所以，很可能出现的一种情况是：你的"红脸"还没出场，对方就看穿了你。不管对方是不是会说破这件事，你在对方心中的形象都会大打折扣。这样必然会影响你们之间的关系，不利于长期合作。

（2）不适用于己方处于弱势的场景

"红白脸"策略一般是占据优势的一方使用的，利用软硬兼施的手段来促使对方妥协。关键问题是，如果你不是占据优势的那一方，那么你几乎没有勇气去唱"白脸"。即便你能鼓起勇气唱"白脸"，对方也会拆你的台。所以，"红白脸"策略显然不适合用于己方处于弱势的场景。

（3）严重影响谈判效率

"红白脸"来回出场可能是比较吃力的工作，而且对方不认可。有时对方为了拖延时间，放慢谈判节奏，甚至会故意将计就计。这样显然会严重影响谈判效率。如果对方认可你的做法，那么一定不要沉迷于这种策略，要好好想一想是否有更好的策略可以帮助你达到目标。如果你在这次谈判中占有绝对的优势，那么不妨开门见山地把你的诉求直接告诉对方。这样做的谈判效率远远高于"红白脸"策略的谈判效率。

（4）会把谈判拖入泥潭

如果你本身就不占优势，却还想采取"红白脸"策略翻盘，那你一定要小心谨慎。因为如果你的运气不好碰上难缠的对手，你的"白脸"队友很可能会被直接请出会议室。我经历过这样的场景，只留下"红脸"一个人在谈判现场，任由对方提要求。

（5）容错概率低

越是看似精妙设计出来的策略越经不起变化，因为百密必有一疏，结果往往是得不偿失，白费功夫。

（6）降低信任感

与谈判对手建立信任是一件非常困难的事情，但是毁掉信任却是一件非常容易的事情。如果你采取"红白脸"策略，很容易让对方感觉你是在耍手段，那么他们对你的信任自然会降低。信任降低，谈判就很难顺利进行下去。

综合以上 6 点来看，"红白脸"策略虽然是谈判者常用的策略，但不是一种最有效的策略。所以，我建议大家在使用之前一定要仔细斟酌，看看这种方式是否适用你所处的情形，是否还有其他更好的选择？

这时候谈判者可能会有一个疑问："我自己可以不用，但是如果别人用这个策略，我该怎么应对？"我的建议是直接点破。如果你不是占优势的那方，那么你可以向对方的"红脸"私下请教说："某某不是在给我唱'白脸'吧？"一旦对方被点破，知道你已经看穿他们了，他们的"红白脸"策略就瞬间失去了效力。但是这里要提醒大家，一定不要让对方下不了台。如果你是占优势的那一方，那事情就更简单了。你可以直接揭穿对方，说："你们是在跟我唱'红白脸'吗？"对方见此状一般会立即收手，以后再也不会在你面前采用这个策略了。当然，如果你没有时间压力，你也可以配合对方，以拖延时间，等待最有利的谈判时机。

"红白脸"策略只是一个简单的例子，很多谈判者在谈判时非常迷恋于类似的复杂策略，但是结果往往是把自己拖入泥潭。实际上，无论做什么事情，都遵循一个道理——大道至简，谈判也是如此。越是经验丰富的谈判高手，越不会迷恋于复杂的谈判策略，而是会在准备和筹划阶段好好梳理自己的目标和优先级，并尝试设身处地地考虑对手的处境和目标，以及有哪些方案可以帮助大家解决当前的问题。相反，如果你花过多的精力制定复杂的策略，那么你可能没有足够的时间专注于你的目标，准备你的方案，而这些才是真正能产生价值的。

所以，最后要提醒谈判者，很多时候，复杂的策略只会变成大家的障碍，只有解决方案才能带你走出"泥潭"。

04 把握节奏，推动谈判稳步向前

寸步不让或者一味地妥协都无法达到自己的谈判目标。在谈判过程中，谈判者只有懂得把握节奏，推动谈判稳步向前，才能顺利达到谈判目的。

如何才能更好地把握谈判节奏，推动谈判稳步向前呢？

清楚对方为什么要与你谈判。

营造一个合作谈判的氛围。

保持顺畅的信息交互。

少说话、多倾听和多提问，建立谈判式对话。

把握谈判的节奏，
推动谈判稳步向前。

（1）清楚对方为什么要与你谈判

你要想推动谈判稳步向前，首先就应当想清楚一个问题：对方为什么要与你谈判？或这个谈判对对方有什么好处？如果不谈对对方有什么坏处？如果在你看来，眼下的谈判对对方来说没有什么利弊，不能帮助对方找到谈判的意义，那么对方又有什么与你谈判的必要呢？有时候，我们会发现在谈判桌上，谈判对手会表现出毫不在意的样子，谈判似乎无法向前推进。这时你就要想一想：对方有和你谈判的动力吗？动力在哪里？找到对方谈判的动力，就能把握谈判节奏，推进谈判。

（2）营造一种合作谈判的氛围

很多人喜欢在谈判一开始就给对方一个下马威，但是这么做会让对方立刻警觉起来并产生抗拒心理。除非你在这场谈判中占有绝对的优势，否则这样做非常不理智。在谈判的开始，谈判者最好营造一种合作氛围。这样有助于对方打开心门与你展开谈判。

但是，营造合作氛围并非让你一开始就过分强调好的一面，而忽视当下的问题或潜在的问题。这样做很容易让对方期望太高。这对双方都不是一件有利的事情。因为希望越大失望越大。如果你最后没有满足他的期望，对方反而很容易产生不好的情绪，本来谈判的气氛还比较好，结果可能是不欢而散。

所以，真正意义上的合作氛围，不是一味地强调好的一面，也会把当下的问题摆在桌面上。当问题得以解决，各方的心态也会发生积极的变化，谈判氛围也会变得更加融洽。接下来，自然可以轻松地展开谈判。

（3）保持顺畅的信息交互

信息是引起对方兴趣，激发对方思考，推动谈判稳步向前的关键。所以，谈判者要在谈判中保持顺畅的信息交互。

但是信息交互不是想到哪里说到哪里，而是说该说的。那么，什么才是该说的？答案很简单，就是"如果把这个信息告诉对方，对方会产生什么样的期望"。只有你的信息令对方产生期望，对方才有兴趣与你沟通，谈判才能稳步推进。

（4）少说话、多倾听和多提问，建立谈判式对话

掌控谈判节奏的关键是思维要快，说话要慢。

我在这里必须强调的一点是，谈判中的节奏感很难快速建立。谈判者只有通过大量的观察、实践、总结、反思和再实践，才能掌控谈判的节奏。所以，如果你还没有丰富的谈判经验，我建议你在谈判的时候尽量把节奏放慢。如果操之过急，不仅无法提高谈判效率，还会忙中出错，导致损失惨重。

这里的放慢节奏不是让你不要说话，而是少说话、多倾听、多思考和多提问。在这种慢一点儿的谈判中，你更容易把握谈判节奏，慢慢地就能培养自己谈判的节奏感。一旦有了自己的节奏感，你就可以在很多谈判场景轻松地掌握谈判节奏，推进谈判稳

步向前。

05　保持机敏，在关键时刻主动争取

在谈判过程中有很多机会，如果我们能把握住这些机会并可以采取有效方法，那么就更利于掌控谈判的主动权，达到谈判目的了。

什么时候是关键时刻，需要我们主动争取？

（1）对方拒绝你的时候

对方拒绝你的时候其实是很好的机会，可以主动展开攻势，为自己争取利益。

我最不喜欢的时刻是对方对我的方案表现出完全没有问题的时候，因为这往往代表了两种情况：

第一种情况，他对我的方案完全不感兴趣；

第二种情况，给的利益超出了他的期望。

以上这两种情况都不利于谈判顺利进行。所以，与这两种情况相比，我不害怕对方拒绝我。在我看来，对方拒绝我的时候，就是机会到来的时候。这个时候，我要做的事情是清楚对方为什么会拒绝我，并寻找谈判策略以将对方的拒绝变成接受。

（2）外部环境发生改变的时候

谈判中的大部分冲突其实不是由内因引发的，而是由外部环境的变化而引发的。简单说，这个冲突不是你的问题，也不是对方的问题。但是，你们这时需要一起坐下来处理当下的问题。例如，天

气突变，导致无法按时交货。这个时候千万不要慌乱，这其实是一个很好的谈判时机，可以利用当下的变化为双方创造新的价值。因为如果没有眼下的情况，对方可能没有意愿和你谈判，更不要提做出什么改变了。

（3）对方想要更好地交易的时候

对方找你谈判，想要更好地交易的时候，说明他有新的诉求。这个时候，你不要阻挡对方拿到他想要的东西，或者尽量少给一点儿。这个时候正是你可以对你们之间的交易和合作重新赋能的机会，也是你向对方表达自己的诉求的最好时机。

（4）面对投诉的时候

投诉和被投诉是我们经常要面对的一种冲突场景，但也是一个可以开启谈判的时机。当我们做错了事情或对方对我们产生不满的时候，我们除了可以道歉、给对方补偿外，还可以由此改善双方的关系。一个投诉得到解决的客户，远比一个满意度很高的客户的忠诚度要高。

也许你觉得上面的情况有些令人不悦，但其实这些都是很好的谈判机会。注意，这里说的不是你想谈判的时候，因为你想谈的时候对方很可能没有谈判意愿。这里指的是谈判机会来临，谈判者没有识别的时候。所以，以后碰到以上情况要保持机敏，这可能是非常好的谈判时机。

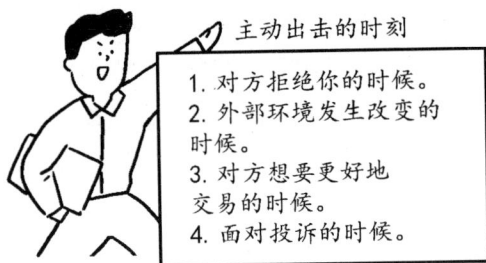

主动出击的时刻

1. 对方拒绝你的时候。
2. 外部环境发生改变的时候。
3. 对方想要更好地交易的时候。
4. 面对投诉的时候。

在哪些时刻要主动出击，把握机会？

以上 4 个时刻是我们需要主动出击的时候。但在谈判中的某些时刻，我们需要稳住，不能操之过急。例如，以下两个时刻。

第一，对方表现出感兴趣的时候。

一般来说，当我们发现对方对自己的方案表现出兴趣，或给出正面反馈的时候，我们往往容易滔滔不绝地说话，想趁热打铁。但是，这样做很容易导致我们错失良机。因为本来对方已经表现出了兴趣，这个时候你穷追猛打很容易让对方产生逆反心理，而且你补充的点可能并非对方感兴趣的点。这样只会越说越错，越说越远，最后机会就会白白错失。

所以，如果你发现对方对你的方案感兴趣，你一定要慢下来，给对方思考的时间。然后，看看对方的反应。这个时候一定要让对方多说。简单地说，在这个节点谈判者要做的是"踩刹车"，而不是"加油门"。

第二，你对对方的方案很满意的时候或者觉得方案不妥的时候。

如果你对对方的方案很感兴趣，一定不要立刻满口答应，因为对方有可能产生被你占便宜的感觉，进而撤回方案。当你觉得对方的方案不妥的时候，也不要立刻反驳。这个时候你可能还没有好好理解和消化对方的方案。你需要做的是，好好揣摩一下对方的方案。

即便方案不合理也可能有可取的部分，你需要做的是把可取的部分抓取下来，并扩大这部分内容的价值。但是，要注意避免在对方的底线问题上撞墙，同时要注意对方的方案也会暴露出他的关注点。这些都是你谈判的筹码。

所以，在以上两个关键时刻不要着急回应，要学会给彼此一个空间。当彼此都冷静了，谈判才能稳步推进。

谈判桌上的情况千变万化，机会也是稍纵即逝，能不能抓住机会，需要我们保持机敏，捕捉谈判的机会。同时，在机会来临时我们一定要沉住气，切不可操之过急，否则只会让机会白白流失。

06 沉默是金，避免表现过于夸张

我们在与街边的小贩讨价还价的时候，常常在对方开价之后表示"非常意外"。我们认为这样做，可能会让对方觉得自己的要求过分，从而给出一些让步。这种策略在一些小事情上是行得通的，但是在正式谈判中却不一定能如你期望的那样奏效。

> 李文斌是一名刚进入职场的销售员，他的老板吴凡是久经"沙场"的老人。一次，李文斌跟着老板吴凡与客户进行商务谈判。在李文斌给出了公司报价之后，甲方表现得非常惊诧和不可接受，甚至开始当着大家的面拍桌子。
>
> 李文斌一时慌乱不知所措，心想这下让老板在客户面前出丑了。正当李文斌要给出自己权限内的折扣方案时，吴凡在桌下做了一个让他打住的动作，并接过话题与对方说："不好意思，我们的价格确实没有商量的空间，但是我们愿意在交付质量上和你们多做一些探讨，看看怎么能更好地满足你们的诉求。"

谈判中的表现过于夸张，
会让对方觉得你很在意这次谈判。

谈判结果是，在没有任何折扣的前提下双方达成了合作。李文斌不禁瞪大了眼睛，从客户的办公室出来后便赶忙问老板是怎么回事。吴凡笑了笑，问了李文斌这样一个问题："你想想，如果我们的价格真的那么离谱，对方又有其他更好的选择，那他还有必要和我们谈吗？"很明显，对方虽然对报价表示了愤怒，甚至拍了桌子，但同时也因为这种过激的行为被吴凡看透了——这次谈判对他们很重要，所以强调"报价确实没有商量的空间"。

可见，谈判者在谈判桌上的表现越夸张越会让对方觉得这个谈判对你非常重要。这种情况下，对方自然不会轻易做出让步。

所以，**谈判者需要审时度势，尤其当你面对的对手也是富有谈**

判经验的老手时，要小心，不要表现得过于夸张。

如果对方的开价超出你的预期，真的令你难以接受，那么不妨尝试走开或保持沉默。

当你试图走开的时候，就是在告诉对方："既然你寸步不让，我也没有办法。对于这样的谈判，我也只能表示遗憾。"如果对方有谈判空间，他便会在这个时候叫住你或事后喊你回来，并做出适当的调整。如果他的让步能满足你的需求，那么谈判局面就能成功扭转，你也能达到自己的目的。

但是，谈判者要注意，走开的时候不要做出非常愤怒的表情或者直接砸门而出，这样只会让对方觉得你没有诚意，即便有让步空间，也不愿意让步。你可以在走开的时候，非常诚恳地说："我们虽然很有谈判的意愿，但是鉴于现在的情况也没有办法继续，希望以后还有合作机会，谢谢你。"然后再缓慢走开。这样做才能既给对方施加一定的压力，又没有把双方合作的门彻底关上。

除了走开这种策略外，我们也可以保持适当的沉默。在谈判中，沉默不语是对对方最大的反击。**一方面，沉默可以使谈判气氛降温；另一方面，沉默会给对方增加心理压力。**当一方顶不住这种压力或者觉得气氛尴尬的时候，可能会提出变通的方案或者透露新的信息，进而给接下来的谈判制造机会。

除了保持沉默，你还可以主动针对某个问题提出自己的疑问或对对方的某个表述表示不理解，让对方多说话，以从中寻找对方可变的地方和更多有价值的信息，例如对方给出的价格太高，你可以就此提出疑问"为什么要价这么高",然后在对方给出解释后你可以继续深挖对方的理由和动机或再次保持沉默。无论怎么做,都是为了让对方多说话,让自己多思考。

此外,谈判者不用害怕对方的沉默。面对对方的沉默,你要立刻打破这种沉默。沉默的时候,对方也有压力,这也是对方在进行思考的时刻。如果要打破这种沉默,你可以邀请对方对自己的方案做出具体回应。

本 章 总 结

1. 在谈判过程中，谈判者要紧盯谈判目标，以便把谈判带入正轨，提升谈判效率并掌控谈判进程。

2. 谈判者可以适当地抬高开价，这样可以为双方预留一定的谈判空间，进而可以有效避免对方紧贴自己的目标开价而出现僵局。

3. "红白脸"策略不适用于双方长期合作和己方处于弱势的一些场景。

4. 越是经验丰富的谈判高手，越不会迷恋复杂的谈判策略。

5. 掌控谈判节奏的关键是少说话、多提问和多倾听，思考要快，说话要慢。

6. 谈判者要注意审时度势，要小心在谈判中表现得过于夸张。

第六章
CHAPTER 6

让步攻略：
以退为进，坚持交换

在谈判中，双方会因为在某些问题上僵持不下而进入谈判僵局。这个时候，如果双方都不做出调整和改变，只会让僵局变成"死局"，导致双方无法获得相应的利益。因此，在谈判出现僵局时，谈判者要懂得主动采取让步攻略，以退为进，在化被动为主动的同时，也为自己争取更多的利益。

01　审时度势，重构谈判模式

是不是出现僵局就一定要选择让步？其实并不一定。这个时候我们需要思考：**是僵局的代价更大还是让步付出的成本更大？**

有些情况下僵局的代价比较大，有些情况下让步的成本比较大。但是，更多的情况是这会随着事态的发展而变化。所以，在实际谈判中，并不是出现僵局就一定要选择让步，具体要视谈判的情况而定。

简单地说，谈判者需要根据谈判当前的情况做出考量和判断。然后，再决定是该让步，还是可以保持僵局。

在实际谈判过程中，谈判者可能会面对两种不同的情况：一种是需要和对方合作创造更多的价值的合作谈判（非零和博弈）；另一种是需要和对方竞争为自己争取更大利益的竞争性谈判（零和博弈）。

但是，很多时候，我们要面对两种情况的混合，既要和对方合作创造更多的整体价值，又要和对方竞争争取更大的个体利益。也就是说，各方都处在一种复杂的"竞合关系"之下。在这种复杂的交谈环境中，我们更应当判断当下的情况，然后再采取相应的行动。

实际上，**谈判的核心是一个交换的过程，是搭建交易模式和重构交易价值。**在这个过程中，处在冲突中的各方都需要不断地调整各自的立场。然后，通过让出对自己不太重要或成本比较低的部分，换取对自己更重要的或价值更高的部分，以促进各方能达成共识并能制定一个共同遵守的执行方案。也就是说，我们不仅要学会判断和分析当前的情况，还必须懂得价值交换，学会对交易模式进行搭建和重构。

采用价值交换谈判方法，既可攻又可守，不会完全受谈判地位

和阶段的限制，有机会获得更多的利益，也有机会创造更多的利益。

> 周五晚上，男生对女朋友说："陪我玩会儿游戏吧。"女朋友瞟了男生一眼没有作声，男生接着争取："就玩3小时。"女生工作了一周，感觉很累，并不是非常乐意答应男朋友的请求。于是她说："3小时太长了，我上了一个星期的班，太累了，不能玩那么久。这样吧，我陪你玩1小时。"男朋友说："1小时也太少了，就能打一局，至少也要2小时吧。"……两个人陷入了讨价还价的局面中。

价值交换是各取所需，而不是讨价还价。

这是我们生活中常见的一个场景。双方的"谈判"很容易陷入讨价还价的尴尬局面中，最终可能会引发矛盾，导致双方不欢而散。

很多人会说，男女朋友讨价还价的过程不就是价值交换的过程吗？当然不是，因为无论玩几小时，获利的都是男生，女生没有获得任何利益。所以，如果女生说："如果你答应明天陪我去看电影，我今天就陪你玩 3 小时。"从表面上看这也是讨价还价，实际上男女双方都可以获得自己想要的东西。这才是真正意义上的价值交换。

简单地说，**价值交换其实就是各取所需。**

在商业谈判中，各方为了达到自己的谈判目的，也会通过交换条件争取更大的利益。通俗地说，**在谈判中只有通过价值交换才能保证自己不做赔本的买卖。**这是做生意的本质。

但是，价值交换也有一定的技巧。具体来说，坚持价值交换需要注意以下两点。

（1）清楚交换条件的成本和价值

价值交换的关键是条件，即谈判者要清楚，对方能给自己的条件是什么，也要知道自己能给对方的条件是什么。此外，还要明确这些条件的重要程度，即给自己带来的成本和价值，以及给对方带来的成本和价值。

> 2020 年新型冠状病毒引发的疫情期间，我的孩子在家上课，养成了玩 iPad 的习惯。在说服教育没有达到预期效果的情况下，我只好尝试与孩子进行谈判。
>
> 我和孩子说："宝贝，你每天上午第一件事是要先把当天的作业写完。写完作业就可以玩半小时的 iPad。"
>
> 孩子不假思索地说："可是半小时太少了，我可以玩 1 小时吗？"

> 我只好继续尝试说："那你要保证每天还能练 1 小时的钢琴，否则就只能玩半小时的 iPad。"
>
> 孩子最终答应了我的条件，而且执行得还不错。

宝贝，你每天上午第一件事是要先把当天的作业写完。写完作业，就可以玩半个小时的 iPad。 —— 第一个交换条件

可是半个小时太少了，我可以玩 1 小时吗？

那你要保证每天还能练 1 小时的钢琴，否则就只能玩半个小时的 iPad。 —— 第二个交换条件

在进行价值交换之前，
要清楚双方的交换条件的成本和价值。

我与孩子谈判的过程中一直在玩"交换游戏"。我的第一个交换条件是每天上午先写完作业，就可以玩半小时的 iPad；第二个交

换条件是如果每天再练 1 小时钢琴,可以再玩半小时的 iPad。这两个条件对我的价值:既可以限制孩子玩 iPad 的时间,又可以督促孩子学习。对孩子的成本呢?其实是时间成本,但对他的价值:可以按照自己的心愿玩 1 小时的 iPad。

交换条件带来的成本和价值是决定你愿不愿意与对方交换,以及对方愿不愿意与你交换的关键。因此,在任何谈判场合,我们都应当清楚双方的交换条件带来的成本和价值。

(2)把双方的条件和诉求对应起来

价值的关键是把双方的条件和诉求对应起来。如果双方的条件和诉求能对应上,谈判目的就比较容易达到。相反,如果双方的条件和诉求对应不上,谈判容易陷入僵局。

一般来说,在坚持价值交换的谈判中,要让双方的条件和诉求更好地对应上,需要注意以下几点。

(1)相同性质的条件

例如,一件衣服是 50 元还是 100 元(价格)。再如,上面例子中的弹 1 小时的钢琴和玩半小时的 iPad(时间)。这些都是在围绕相同性质的条件在谈判。

(2)不同性质的条件

例如,典型的商业谈判的条件交换可以是"如果贵方增加订货量我方就可以降低价格""如果贵方改善付款条件我方就可以缩短交货周期"。这就是不同性质的条件。

(3)有形的和无形的条件

不一定每个条件都需要与具体的金额挂钩,我们可以将金额转化成其他形式来表述，如"如果你能在朋友圈推荐我们的店，我可以给你打 88 折。""打 88 折"是一个有形的条件，而"在朋友圈推荐我们的店"是一个无形的条件，但这个无形的条件也能为商家带来有形的价值。

（4）关于价值和成本

每个条件都有价值和成本。不过，比较有意思的地方是，这个价值和成本对于交易的双方来说却有不同的考量。否则，就没有什么交换的必要，双方也没有办法从交换中创造价值。如果我们能花时间去了解清楚每个条件给自己和对方带来的成本和价值，那么我们就可以在交换中用对自己来说成本低的东西换取对自己价值高的东西。这就是价值交换的秘密和精髓。

（5）没有及时收手

一旦学会了交换，很多人就会乐此不疲。但是，这样很容易让对方对你产生你很贪婪的印象，从而产生防备心理。正确的做法是，不要无休无止地交换，要见好就收。最好是能从重要的条件到次要的条件、从高价值到微小价值去交换。这样可以帮助大家逐渐从交换走向交易，同时又能感觉自己充分争取了自己的利益。

02 有条件的让步，才能进退有度

我们在谈判时会提出一些条件，然而这些条件对方并非都能接受。同样，对方也会向我们提出一些条件，我们也不会完全接受。实际上，谈判就是一个确定你的哪些条件能被对方接受，同时你又能对对方的哪些条件做出让步的一个互动过程。简单地说，谈判也是一个不断调整、让步交换条件的过程。只有这样谈判才能做到进退有度，进而才能顺利推进。

需要注意的是，这里说的让步不是指单方面的退让，而是要做有条件的让步。具体来说，谈判者在选择让步的时候应当注意以下几点。

（1）明确所有条件的重要程度

谈判是一个非常复杂的过程，一般很难满足自己的所有条件。因此，在谈判之初我们需要明确自己的每个条件的重要程度。我们要清楚地知道：

哪些是自己的最重要的条件；

哪些是自己的次重要的条件；

哪些是自己的不重要的条件。

另外，我们还需要思考一个问题：在谈判中能不能牺牲一些对自己不重要的条件，以保全自己重要的条件。

同样，我们还要确认哪些是对方重要的条件，哪些是他不太看重的条件，以便与他进行相应的交换。这样，我们就算在一些对方的次要条件上完全不让步也不会影响双方达成交易，而且还可以在谈判中做到有条不紊。

具体来说，要明确所有条件的重要程度，我们可以按照下面的步骤进行。

第一步，将自己的条件全部罗列出来。罗列谈判条件的时候，可以采取头脑风暴的方式。尤其是在重要的谈判之前，你可以召集你的同伴和朋友尽可能多地想出你可以要求的条件。

第二步，对罗列的条件进行筛选，按照条件对你的价值高低排

出优先级。你也可以筛选一些可有可无的条件备用。记住，条件永远不嫌多！

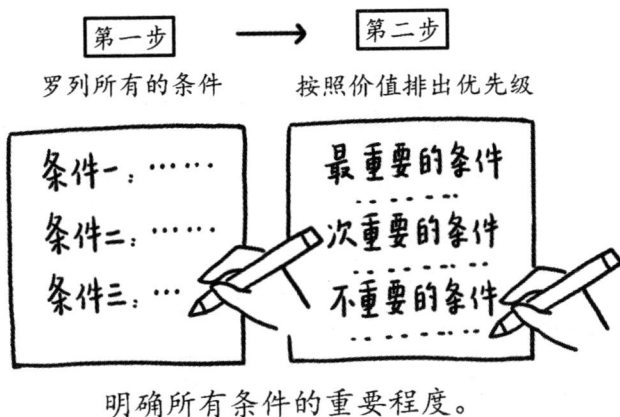

明确所有条件的重要程度。

很多谈判者存在疑问："我已经对我的条件的优先级做了排序，我是否要向对方透露呢？"这要视情况而定。

如果你有信心或对方有可能满足你的所有条件，那么就可以暂时先不要向对方透露你的优先级。如果一轮谈判不行就再来一轮，说不定会有意外的收获。

如果你对当下的形势判断是对方不可能满足你的所有条件，那么不如向对方透露什么是你最看重的条件，确保你能优先锁定最重要的条件。然后，你可以花时间在次要的条件上。因为你永远不知道你在每个条件上要花多长时间，而且通常会超出你的想象。另外提前锁定最重要的条件也可以让你心中的一块大石头落地，更有助于推进谈判的进程。但是，有一种情况除外，就是当你与对方处于一种竞争状态时，你告诉对方你的重要条件，就有可能被对方当作把柄。

当然，要不要向对方透露你的条件的优先级，还要根据当时的情境做具体的判断。我们在谈判中，会花很多时间处理自己和对方的优先级问题，这也是探底的一个方面。

（2）不要单方面让步

我见过很多谈判者为了打破谈判僵局，会在他们认为适当的时候收回不重要的条件，以换取对方的让步，并促进最重要的谈判条件达成。他们将这种策略叫作"主动示好"。但是，这种策略非常危险，而且往往容易得不偿失。因为在我们抱着良好的希望让步，以换取对方同样的让步时，对方很可能会更进一步，提出更多条件。所以，谈判者千万不要把这种单方面的让步当作一种谈判策略。

还有一种谈判者，他们的原则是寸步不让。这样做过于绝对化，会阻碍谈判进行。在谈判陷入僵局时，可以适当地主动调整谈判条件，这样可以展现你的合作姿态。但是，这些让步你要能收回来，就像放风筝时手上牵着线能收回一样，不能丢弃控制权。要做到这样，最好的办法就是在你让步的基础上加上前提条件。例如，"如果你关注我们的公众号……"。你可能认为前置条件会引起对方的不适，但事实是后提条件才会让对方不适，会让对方会觉得你是在坐地起价。

单方面让步的另一个危害是会微妙地改变对方的心理状态。有可能你给的正是对方最想要的东西，但是你直接给对方反而会让对方觉得提出的条件太少。这时候对方可能觉得谈判太轻松而意犹未尽，进而会争取更多。所以，无论如何，我们在谈判中都尽量不要单方面让步。

（3）设好底线，才能进退有度

在谈判之前，谈判者需要清晰、明确地设定自己的谈判底线。否则，谈判者很容易在面对对方施压的时候让步，而这种即兴的让步往往也是过度的让步。这样不仅会导致自己的直接利益受损，还会给对方释放错误的信号。

在谈判中，你的底线或者底气，其实源于你的备选计划。

不少谈判者和我说，他们很难在谈判之前就明确设定自己的底线。我通常会问他们："如果这场谈判最终无法达成协议，那么你有什么备选计划吗？或者你会面对什么样的结果或处于何种情境？"现在，我们不妨一起来看看，备选计划对底线有多大的影响？

我们很多人在工作中经常遇到薪酬谈判场景，同一个人在以下两种情况下的底线会有很大的差别。

> A：你现在有稳定的工作，虽然不算特别满意，但是你知道这份工作也有它的优点。例如，你所在的企业发展相对稳定，收入虽不算很高，但是不用经常加班。这个时候猎头如果向你推荐新的工作机会，那你一定会坚持底线。除非对方开出的薪水比现在高很多，否则你是不太愿意做出改变的。
>
> B：你的其他条件都和上面一样，但你刚刚被公司优化（裁员）。你每个月还有 7000 元的房贷要还，但是前东家给你的裁员补偿只够你维持 3 个月的生活开销。这个时候如果猎头向你推荐新的工作机会，那你的底线设定就会比较灵活。这个时候的关键是要重新"上车"。

企业发展相对稳定，不用经常加班，我不是很想换工作。

A.

公司裁员，裁员补助也只够维持 3 个月，我每个月还有7000元的房贷，我是该赶紧换工作了。

B.

谈判者的底线源于他的备选计划。

以上两种情况，只是现状发生了变化，但会明显影响底线设定。在这个案例中，你会基于现状设定你的新工作机会的谈判底线。所以，如果你不知道该如何设定自己的谈判底线，就先看看如果谈不成的话你还有什么选择。如果你是"骑驴找马"，有很强的"备胎"在手上，你就有资本抬高自己的底线。如果没有，你就要注意自己的谈判空间。

（4）控制让步幅度

设定好让步底线后，我们还需要控制让步幅度。让步幅度是指在什么范围做出让步。

例如，你去家具城购买家具，老板开价 12800 元，然后逐步让价到 12000 元、11500 元、11200 元、11000 元……可以看出，让步幅度从 800 元到 500 元，逐渐降到 300 元，然后 200 元。显然，让步幅度越来越小。

这种让步幅度给顾客的感觉是：已经做出了很大的让步，再继续下去，让步已经非常困难了，基本接近了底线。我们不妨试想一下，如果让步幅度一直是 800 元，最后即便低于 10000 元，会给顾客什么样的感觉？这种让步幅度给顾客的感觉是：一开始给出那么高的价格就是虚高，现在每次一砍价都是给出 800 元的让步，也许后面还有更多的 800 元。

如果老板能提前设定好自己的底线是 11000 元，同时规划好让步的幅度，逐步递减，就可以把逼近底线的感觉传递给对方，从而管理对方的期望。

除了让步幅度外，让步时间也是有效让步的关键。适当的时机让步才能促进谈判顺利进行，为自己争取更多的利益。相反，不适当的时机让步，很有可能会让自己的利益受到损失，而且对方并不满意。

此外，我们也可以控制让步的节奏，节奏应当越来越慢。具体来说，就是**第一次让步的时候，可以爽快一点儿（但是要同时提出你的条件，避免单方面让步）；第二次让步的时候，就要放慢节奏，以此类推**。这样做也是为了让对方感到你已经给出了很大的让步，而且后面没有什么让步的空间了。相反，如果你让步的节奏很均匀，也会给对方传递不正确的信号，可能会让对方的期待越来越高，甚至提出更高的条件。

谈判中的让步是有章法和节奏的，而且要提前做好准备和计划。谈判者不能做毫无准备的让步，这样可能传递错误的信号，让对方产生不应该的解读和期望。这样的让步是无效的，更无法像你期望的那样以让步达到谈判目的。

03　面对冲突，不要被自己拖入泥潭

冲突是我们在谈判中经常面对的场景。当对方没有兑现他的承诺时，当你没有达到对方的期望时，都会有冲突产生。谈判中也经常由于各种原因，导致本身的冲突被激化，导致双方的矛盾爆发。实际上，冲突并不可怕，可怕的是我们处理冲突的方式。为什么说可怕的是我们处理冲突的方式呢？例如，下面这些处理冲突的方式。

> 当对方有情绪时，你劝他要保持冷静；
> 当双方产生冲突时，你与对方讲道理；
> 当双方产生冲突时，你直接给对方补偿；
> 当双方产生冲突时，你要对方给你一个说法；
> …………

我们分析一下第一个处理冲突的方式，"当对方有情绪时，你劝他要保持冷静。"

在对方明显有情绪时你劝他要保持冷静，实际上就是在和他说："你现在不冷静"。这个时候你期望对方怎么回应你？对方的回应

可能是"我怎么不冷静了？""事情没有发生在你身上，你冷静给我看看！"这种劝说的方式给对方的感觉是你在评价他，给他贴标签。原本你是想平复对方的情绪，但实际上是火上浇油。

那么，谈判者遇到冲突时要如何做呢？具体来说，谈判者在面对冲突时，要遵循以下 3 个原则。

1. 建立情感连接。
2. 提供情感补偿。
3. 了解对方的需求。

谈判者在面对冲突时
应当遵循的 3 个原则。

原则一：建立情感连接

所谓情商就是我们感知情绪和控制情绪的能力。如果你能让对方感知你感受到了他的情绪，那就说明你们之间建立了情感连接。在这种状态下，你其实什么都不用说，只帮助对方把他的情绪表达出来，或者复述出来就可以有效解决冲突。例如，"我理解你现在很生气""谁也不愿意碰上这样的事情"。这样就可以帮助对方平复情绪，可以为你们后面的沟通打下良好的基础。

> 　　常远最近经常收到一个客户的投诉，说他们的设备总是出问题。常远带技术人员去看了，发现是因为客户那边的供电和网络都不稳定造成的，和他们提供的设备并没有关系。但是，多次宕机之后客户还是非常恼怒，直接投诉到了常远的领导那里，并要求领导和常远一起过去当面把问题说清楚。
>
> 　　到了客户那里，常远不断地解释这并非他们的设备问题，而是由于客户方的供电和网络不稳定所致。没想到常远越解释客户越恼怒，还当着常远领导的面拍起了桌子。当客户发怒的时候，常远的领导一直前倾着身体，注视着对方。等客户发完火，领导非常诚恳地说："我完全理解您现在的感受，对于多次出现这样的事情我们也非常遗憾，一定给您的工作造成了很多困扰。我们今天来，也是希望能赶紧帮助您解决当下的问题，我们不妨一起来看看现在的主要问题和可行的方案。"最后，客户不仅冷静下来开始研究现在的问题，还接受并额外批出预算采购了常远领导提出的新的解决方案需要的产品。

　　常远的领导的这番话，立刻获得了对方的情感认同，因为他首先认同了对方的情感。从某个角度来说，领导是因为了解对方的需求，并通过和对方建立共情去获得对方的支持。建立共情在任何谈判中都非常重要和有益。

原则二：提供情感补偿

　　在给出任何实际补偿之前，你可以先给出情感补偿。根据我们的统计，在一般冲突中，有约40%的人其实本身并不要什么实际的补偿，他们可能要的只是一句道歉，或者保证以后不再有类似的情况。也就是说，你有40%的机会不付出任何实际成本就能解决眼下的冲突。

　　所以，谈判者在遇到冲突时，要先听听对方的想法。因为很多时候，仅仅是让他们把情绪发泄出来，问题就解决了一半。

原则三：了解对方的需求

除了上面所说的 40%，还剩下 60% 的冲突是情感补偿不能帮助你化解的。那么，这个时候你可能就要付出实际代价了。但是，千万不要不分情况就开始让步。你要知道，你给的东西很难恰好满足对方的胃口。人在面对冲突时的情绪一般不太好，如果这个时候你给对方并不想要的东西，有可能让对方觉得你在敷衍他而更加生气。就算你恰好满足了他的需求，这个时候他如果拿了东西也觉得输了气势，有可能会向你索取更多。

所以，我的建议是先了解对方的需求，这样做的好处有以下 3 点。

第一，了解对方的具体诉求，其实是在帮助他从情绪思维转化为理性思维。你不用说"请你冷静一点儿"，只要直接通过询问诉求的方式帮助对方就行了。

第二，根据我们的调查，在面对冲突时有近 40% 的人是只会提出很小的要求，例如你在吃饭时要求餐厅换盘菜，送饮料之类的，这些对餐厅来说成本不高。

第三，在对方提出诉求后，你还有机会和对方进行协商，就算最后完全满足对方的诉求，也比你直接满足好得多。因为人对通过自己努力争取来的东西通常有更大的满足感。

在了解了对方的需求之后，要注意的是，就算你有充足的能力满足对方的需求，也不要立刻答应。你要告诉对方，你会帮他尽力争取，然后延迟满足。这样做有可能在解决问题的同时还会促进你和对方的关系。

如果在冲突中，你是利益受损的一方你要如何做？其实非常简单：直接告知对方你的需求。

> 蔡鹏是我们谈判工作坊的学员，他也是某航空公司的会员，每个月因公出差要坐两三次飞机。他经常会碰到恶劣天气或其他原因导致的航班延误，偶尔也会碰到航班取消的情况。一次，他乘坐的飞机在飞出后因为目的地的天气不好导致返航，等他回到出发地已经是午夜。他原定的第二天上午的行程肯定要被耽误。

根据蔡鹏以往的经验，打电话过去向客服投诉的结果基本上是发了一顿脾气之后一无所获。于是，这次他改变了策略，他用在谈判工作坊学到的谈判技巧，在向航空公司投诉时直接索取了3 倍的积分（可以帮他和家人换取假期旅行的机票）并成功拿到了补偿。

实际上，在遇到冲突的时候，与其发脾气、抱怨，不如直接告诉对方你的需求。这样更有助于高效达成你的诉求。这和主动开价是一个道理，可以有效避免自己被拖入泥潭。

04 主动提出方案，扭转被动局面

主动提出方案是扭转谈判中被动局面的最简单且最实用的方式。然而，在谈判中，大部分谈判者会忽视主动提出方案的重要性。实际上，很多谈判之所以出现僵局，究其原因正是谈判双方只聚焦在冲突和对错上，没有人愿意主动提出任何方案，或者在对方提出诉求之后没有提出任何反对建议，然后在被对方步步紧逼之下，只能步步退让。最后把谈判变成了一边倒的拔河比赛。

在谈判中，谈判者只有勇于主动提出方案，才有机会解决问题，进而才能扭转被动局面。

主动提出方案其实就是在恰当的时机主动提出你提前准备好的方案。主动提出方案不仅能够帮助自己扭转局面，促进谈判双方达成协议，还可以有效避免深陷在对方的方案中，最终只能迫于压力接受不合理的条件。此外，在谈判中，如果谈判者能够不断拿出自己的可选方案，也是在表明自己的合作诚意，对方也更愿意与你继续谈判。这种行为本身就是一个积极主动的姿态，还能帮助你在谈判中获得更多的主动权。

一般情况下，主动提出备选方案要注意以下 7 点。

第一，在谈判前准备好多个可选方案。你的方案越多谈判空间越大。

第二，在谈判进入僵局时，给出自己能够想到的解决问题的方案或方向。

第三，从这些方案中，选择一个既能满足对方利益，也能使自己获得利益的方案，然后再对这个方案加以优化，使之成为较具体的、可以实际操作的方案。

第四，在不同的备选方案中进行挖掘，看看哪些地方是对方可以接受的，然后加以整合，最终形成一个双方都能接受的综合方案。

第五，在给出可选方案时，不要"出牌"太快，要搞清楚每个方案中哪些是对方可以接受的，哪些是对方不能接受的，然后再做调整和优化。"出牌"太快会让对方没有时间仔细思考你的方案，同时也很容易暴露自己的"底牌",让对方有机可乘。

第六,给出可选方案,并不意味着一定要让出一部分自己的利益。有时候可选方案只是换一种方式扭转局面。如果你能通过不同的方案试探清楚对方的真实诉求,就可能帮助自己获得更多的利益。

第七,在谈判桌上,只有准确的数据、具体的方案,才能激发对方的兴趣,让对方愿意与你谈判。这就要求我们在表达时要言之有物,而不只是泛泛而谈地讲道理或陈述自己的主观感觉。

此外,要提醒谈判者注意的是,备选方案并不是指当你发现目标难以实现时做出的让步方案,而是可以尝试重新包装你的方案的一种谈判策略。因为在谈判中,很多时候对方拒绝你的方案并不一定是因为你给得不够,很有可能是因为给得不对。这个时候,让步只会付出额外成本还解决不了问题。因此,你要做的不是让步,而是重新包装你的方案,主动提出你的其他可选方案。

谈判桌是一个情况和局势瞬息万变的地方,经验越丰富、技能越高超的谈判者越会在谈判之前充分地准备好各种备选方案,并在合适的时候主动提出方案。这样,才能扭转不利局面,顺利达到谈判目标。

05 是"上价值"还是"下台阶"

在谈判中,谈判双方都有自己的立场,并且都习惯用自己的立场去压制对方的立场。这就是谈判中容易出现激烈冲突的关键原因之一。谈判者要想有效规避这个问题,就必须转换思维,学会淡化自己的立场。这并不是说一定要把谈判对方当成自己的朋友，而是要避免把对方放在自己对立的立场上。简单地说，起码不要预设对方就是你的敌人，这样只会导致两败俱伤。

> 美国南北战争时期，领导北方的总统林肯一次在白宫发表演讲。演讲中，他以非常同情的口吻提到南方。
>
> 这时候，一位听众突然起身问道："总统，您为什么还要替敌人说话？你应该想的是如何消灭他们。"
>
> 林肯停顿了一会儿，回答："女士，当将敌人变成朋友时，就已经消灭了他们。"

林肯这么做其实就是在淡化立场。很多时候，淡化立场反而能够看到更多可能性，让彼此有更多合作的机会，或者说能发现更多解决问题的方案。所以，谈判者要实现成功谈判，就要懂得淡化立场，追求利益的共同点。

这就要求谈判者不能总是采用辩说的形式去给对方"上价值"——尝试用自己的价值观或道理去碾压和踩踏对方的价值观和道理。这样做并不能给你带来什么实际好处，甚至你越施压对方越会反扑，最后谈判就变成了以硬碰硬的"掰手腕"比赛。这也是为什么我们看到很多以讲道理为出发点的辩论，最终走向失败的原因。

所以，一味地给对方"上价值"并不是推进谈判。实际上，**在谈判进入僵局时，帮助对方"下台阶"才是一种更合时宜的谈判策略。**

采取帮助对方"下台阶"的谈判策略，不仅能够拉近谈判双方的关系，还能有效化解对方的好胜心理和防御心理，而且很可能对方会下意识地维护自我形象，不好意思与你继续针锋相对。这样一来，就有可能打破谈判僵局，推动谈判顺利进行。

预留一些让步空间，
在合适的价值交换时机下"下台阶"。

设置一个虚拟权威，
让对方可以"下台阶"。

具体来说，帮助对方"下台阶"有两种形式。

（1）预留一些让步空间，作为"下台阶"的筹码

谈判者手上的资源是有限的。也就是说，任何一方都不可能无限地让步。但是，如果可以预留一些让步空间，作为"下台阶"的筹码，那么可以有效打破僵局，使谈判顺利推进。

如何预留一些让步空间？那些你本可以答应对方的事情，但你没有想到合适的条件进行价值交换，这时可以先攥在手里等一等再答应。

当谈判快结束时，用这些预留的让步空间做笔交易，如"如果今天可以成交，我可以考虑做出最后的让步"就是在帮助对方"下台阶"。同时，对你也是相当划算的价值交换。你能用本来可以答应对方的条件换取在没有额外条件下的协议达成，这就好比"好钢用在刀刃上"，让步也要用在关键的地方。

（2）设置"虚拟权威"，留有余地

实际上，让步不一定要把自己当成决策者，你还可以设置一个"虚拟权威"。这样做能够给自己预留一个"台阶"，让对方可以顺着"下台阶"。

相信很多人遇到过这样的场景，在谈判僵持不下时，一方为了打破僵局，促进交易达成，会说："这样吧，我打个电话问我上司，看看能不能再申请一些优惠。"

一般情况下，在与上级"沟通"后，会给出以下两种"下台阶"

的回答。

第一种，做出小幅度让步。 如果对方表现出比较强的成交欲望，你可以说："很抱歉，我已经向我们老板申请过了，根据公司的规定实在没有办法给你申请优惠。但是，如果我们今天能达成交易的话，我可以赠送给你抵扣券，在以后下单的时候使用。"这样既通过小幅度让步给对方一个台阶下以达成当下的交易，又可以通过优惠券锁定日后的交易。

第二种，做出大幅度让步。 如果你判断这个诉求是对方的必须，甚至是当下交易的决定性条款，那么你可以说："我和上司一起跟公司做了极大的争取，公司终于同意了，如果能作为一次性条款且在签订保密协议的基础上，可以满足你们的这个诉求。"

无论是以上哪一种让步幅度，都做出了有效让步，并且能促进交易达成。实际上，谈判者可能根本就没有与上司或者公司沟通，他本人就是那个可以做决定的"上司"。谈判者或许会当着对方的面给自己的上司打电话，但是其实他们之间早就商量好了。这只是一种谈判技巧。

只要明确让对方知道"你不是决策者"，你就可以根据具体情况，灵活调整谈判策略，决定要不要引入这个"最终的决策者"。

所以，当谈判陷入僵局时，我们不妨设置一个"虚拟权威"，帮助对方"下台阶"，进而打破僵局。

但是，谈判者要注意，虚拟权威也要掌握一定的技巧，否则很容易让对方看穿。具体来说，虚拟权威应当注意以下 3 点。

1.利用虚拟权威让自己处于中立地位。
2.通过虚拟权威控制让步节奏。
3.注意虚拟权威的出场频率。

设置虚拟权威的技巧。

第一，利用虚拟权威让自己处于中立地位。 谈判者可以通过设置虚拟权威，把自己变成这件事情的代理人与对方进行谈判。让自己当一个中间人的角色，避免在谈判中出现你和对方直接对抗。例如，在谈判出现僵局的时候，你可以说："我也想给你优惠，但是我们老板说了这个已经是最大的优惠了"。这样对方就不好再针对你，谈判就可能有了回转的余地。即便最后两个人没有达成合作协议，谈判失败，对方也不会因此怪罪你，这样也不会影响你们以后的合作。

除了商务谈判，在生活谈判中，你也可以设置虚拟权威让自己处于中立地位。例如，你的朋友想让你把车借给他，这时候，你完全可以说："我要问问我的妻子。" 这样你就处于了一个中立地位，对方不会因为你不借车而怪罪你。

第二，通过虚拟权威控制让步节奏。 让步节奏也是影响谈判结果的关键之一。一般来说，让步节奏越快越容易让出过多的利益。尤其在面对面谈判需要当即做出决策时，很可能因为压力做出错误的决定。例如，对方一再催促你按合同金额的 50% 作为罚则上限并签订当下的合同条款，如不同意便终止谈判。在对方的步步紧逼下，为了达成合作协议，你很可能一时头脑发热答应对方的要求，把自己置于很高的风险当中。

如何解决这个问题？如果谈判出现僵局，无法立即给出答复，需要时间思考决策，你就可以搬出虚拟权威，拖延决策和让步的时间。例如，你可以说："这个问题完全突破了我被授权的底线，我必须请示一下公司的领导"。请示领导的时间，就是思考决策的时间。这个时候，你可以请示领导，也可以自己独自思考更好的方案，以做出正确的决策。此外，这个时候也可以让对方明白你已经很难再让步，但是有意愿在其他你有授权和灵活度的地方与对方进行探讨和磋商，对方也能因此感受到你的诚意，愿意与你继续谈判。

第三，注意虚拟权威的出场频率。虚拟权威可以为你带来不少好处，但是要记住，一定要控制他的出场频率。如果对方每次要求让步或提出新的方案时，你都请虚拟权威出场，对方会觉得你不专业，不愿意承担责任，只会推诿。下次可能会要求不与你谈，直接找能做决策的人来谈。

无论是预留一些让步空间还是设置虚拟权威，目的都是帮助对方"下台阶"。在谈判中，只有帮助对方体面地"下台阶"，对方才能感受到你的诚意和尊重，进而才有可能打破僵局，促进双方谈判顺利进行。

本章总结

1. 在谈判中，并不是出现僵局就一定要选择让步，具体要视谈判的情况而定：是僵局的代价更大还是让步付出的成本更大？

2. 在谈判中，我们需要考量的一个问题是：能不能牺牲一些对自己不太重要的条件，以保全自己最重要的条件。

3. 谈判者在遇到冲突时，要先听听对方的想法。因为很多时候，让他们把情绪发泄出来，问题就解决了一半。

4. 谈判者只有主动提出方案，才有机会解决问题，进而才能扭转被动局面。

5. 当谈判进入僵局时，如果你想继续推进谈判，帮助对方"下台阶"才是一种更合时宜的谈判策略。

第七章
CHAPTER 7

终局攻略：
达成共识，确保执行

谈判最好的结果是达成共识，满足双方的利益，并确保方案可以执行。

01 是否通过谈判找到了更优方案

不管面对什么样的谈判场景，我们都需要在谈判的最后阶段，检查自己的核心目标有没有达到。如果我们的核心目标没有完全达到，那么我们就要问自己一个问题：是否通过谈判找到了更优方案？如果不是，你就要仔细想一想："我为什么要接受这样的谈判结果？"

谈判的最后阶段，
要确保自己找到了最优方案。

每个人都期望自己的努力不落空，同样，我们在谈判桌上也期望自己前期的努力不要一无所获。为此，我们很可能在谈判的最后阶段做出超出底线的巨大让步。对方有时会故意利用你这种心理来激发你的不理性行为。例如，电子竞标、现场拍卖、引入竞争等，这些都是为了创造一种环境，去引导你做出不理智的出价。

> 日本的普利司通（Bridgestone）公司当年与美国的凡士通（Firestone）公司谈判，原本计划是成立合资公司联合经营，但是在谈判的过程中，意大利的倍耐力（Pirelli）公司突然向凡士通发起收购要约。为了与倍耐力公司竞争，普利司通公司改变了原本合资联营的计划，并且在谈判过程中将收购费用越抬越高，最终的收购价格是 26 亿美元。这笔钱可不是一个小数字，重要的是，这是初始计划的 3 倍。这主要是因为普利司通公司在出现竞争者的时候已经顾不上最初设定的目标和底线了，而把达成协议变成了目标。

这就是为什么我们在谈判的最后阶段，需要与自己确认是否找到更优方案的关键原因。因为我们在谈判的过程中很有可能被突然出现的情况和信息干扰，进而忘了自己最初和最关切的目标。

具体来说，在谈判的终局阶段为了确保自己找到最优方案，我们需要仔细思考以下几个问题。

如果我答应了他的条件，是否突破了我的底线？

如果我准备突破我的底线，那么这样做的目的是什么？是否可以给我带来更大的利益？

如果我放弃这次谈判，还有其他的选择吗？

同时，谈判者要注意，如果涉及需要后期执行和落实的协议，也要学会从对方的角度去思考这些问题。此外，你要知道，没有人会做赔本生意。如果你认为对方做了赔本生意，那么这个账最后有可能还是会算到你的身上。

02 是否仔细核对过方案的细节

很多时候，我们之所以要谈判就是为了共同应对未来的不确定性，协商一个可以应对未来的不确定性的计划。但是，如果这个计划本身就包含很多不确定性，那么它可能不仅没办法帮助我们应对不确定的未来，还会给我们制造不少麻烦。因此，在你和对方庆祝达成协议之前，还需要好好检查一下你们已经达成一致的方案。具体来说，你需要核对方案的以下3个细节。

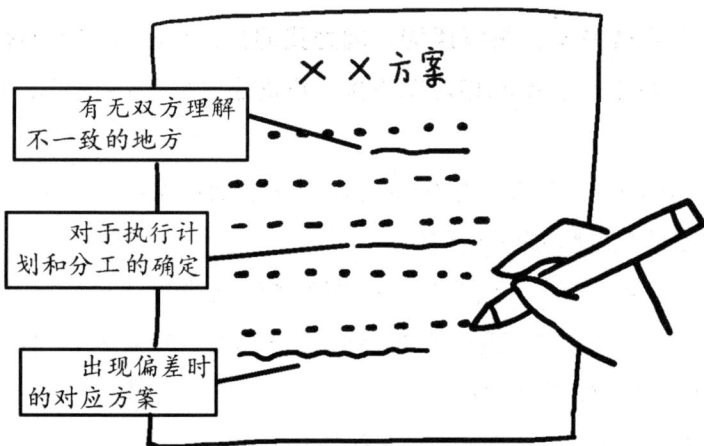

核对方案的3个细节。

（1）有无双方理解不一致的地方

即便双方签订了协议，但是不同人对同一句话的理解也会不同，而且人们往往倾向按照对自己有利的方式去解读问题。例如，"乙方负责承担送货的费用"。这句话，乙方可能理解为送到甲方的仓库，但甲方可能理解为送货到最终客户的地址。这样就会造成成本偏差和责权问题。

要想解决这个问题，最简单的方法就是双方在谈判的时候，就向对方确认你的理解。如果是大问题，你不要抱着侥幸心理认为能在日后执行时避开。如果是小问题，这个时候你们已经在大的方向达成了一致，对方一般不会为了一些细节问题过度较真，毕竟谁都不想之前的努力白费。但是，如果是达成协议之后再去讨论这些细节问题，对方有可能会和你据理力争。如果等到出事之后再来解决问题，小问题可能会变成大问题，你也可能付出更大的代价。

（2）对于执行计划和分工的确定

规避不确定性的一个具体做法就是做好细致的执行计划，例如在什么阶段投入什么样的资源，做什么样的事情；或者完成什么工作后，该如何进行检查和确认以及如何付款。

但是，只有这些还不够。我发现，双方事后经常容易出现扯皮的情况是，**这个事情应该由谁来做？**为了避免这种情况，我们在做执行计划时还要进行详细的分工，即明确事情由谁来做。

计划做得越详细，后面出错的概率就越小。

（3）出现偏差时的应对方案

百密终有一疏。即便我们已经做了周全的考虑和计划，但是因为谈判过程中很多因素是不可控的，所以还可能出现一些偏差。如果这些偏差没有得到及时解决，那么这个方案即便达成了也无法顺利执行。因此，在制订方案的时候谈判者就应当提前准备好出现偏差时的应对方案。例如，当对方无法按照方案上的周期交付时，如何解决这个问题？如何界定责任？责任方应该如何承担责任？关于这些问题应当制定具体的方案和措施，如限期整改、有限赔偿等。

此外，还需要明确当出现什么情况时协议需要终止，是要求双方同意还是可以单方终止等。以上这些都要做好事先约定。这也是为什么在签署协议之前需要法务部门来把关的主要原因。当情况不如预期，或者出现不确定情况时，双方应该约定好如何应对。

03 你对方案的实施有信心吗

谈判的终点是达成协议，并能确保方案得以实施。到了这一步，我希望你不要草率地在协议上签字，而是在下笔之前认真思考最后一个问题：你对方案的实施有信心吗？

谈判方案能否顺利实施的前提是，是否在谈判过程中构建了稳固的三角结构。

谈判其实是一个三角形结构：一方面是自身需求，另一方面是对方的需求。在此基础上是双方的共同基础。三角形是最稳固的结构。如果我们能在谈判中经常检查这个三角形结构，也会让我们的谈判过程和结果更加稳固。

谈判中的三角形结构。

在谈判的最后阶段，谈判者更需要再次审视谈判的三角形结构，以确保方案能够实施。具体来说，你需要问自己以下 4 个问题。

你的自身需求是否通过谈判满足了？

对方的需求是否通过谈判满足了？

双方的合作是否有共同基础？

双方有多大的信心将方案付诸实践？

在实际谈判中，谈判各方通常只会考虑自身利益，尤其是在面对压力的情况下。这样一来，双方就无法构建谈判的共同基础，最终会导致双方的利益都受到损失。

这里我要提醒谈判者注意一种情况，就是最终的协议出现一边倒的情况，即一方的需求完全没有得到满足，看起来对他不利。这个时候另一方是否该感到开心呢？我建议要多加小心。因为这样的情况并不利于方案的实施。因为对方很可能是由于谈判压力，不得不妥协，后期自然不愿意配合方案的实施。

曾有一些甲方人员向我抱怨："没签合同的时候甲方说了算，签了合同以后乙方说了算"。为什么会出现这样的情况？原因就是在谈判时，一方把另一方压得太狠。当权力平衡发生变化的时候，对方自然不愿意付诸实践。所以，很多时候，看似对某一方是一份完美的协议，对另一方来说却并不是一份质量很高的协议。这样的协议没有稳固的三角形结构，不是我们想要的。

为了避免谈判中出现这种情况，谈判者就要清楚地知道如何构建谈判的三角形结构，夯实合作基础，并在谈判的最后阶段，确保自己构建了三角形结构，让双方都获得相应的利益。简单来说，**好的谈判结果是：我赢了，你却没输。**

谈判室不是竞技场，谈判的目的不在于取胜，而在于达到目标并确保方案执行。这就需要我们在锁定自己的目标时兼顾对方的需求，确保双方有合作基础。同时，我们要知道，要"得到"也要"给予"，要"给予"也要求"回报"。最重要的"回报"莫过于确保自己的需求得到满足。当双方的需求都得到满足时，就意味着双方都更有意愿去将在谈判桌上达成的协议付诸实践，自然也达到了谈判的终极目标。

㊟㊟㊟㊟

1. 在你和对方庆祝之前，还需要好好检查一下你们已经达成一致的方案。

2. 谈判其实是一个三角形结构：一方面是自身需求，另一方面是对方的需求。在此基础上是双方的共同基础。

3. 好的谈判结果是：我赢了，你却没输。

第八章

1 分钟谈判力提升实践

:

　　谈判者要想提升谈判力，必然离不开实践。因此，谈判者在了解谈判的基本概念以及相关的技巧后，下一步还要通过实战演练去提升自己各方面的技能，从而不断提升谈判的综合能力。

01 形象力提升：不只是做足表面功夫

心理学上有个名词叫"首因效应"，也叫"首次效应""优先效应"或者"第一印象效应"，是指交往双方形成的第一印象对今后交往关系的影响。虽然第一印象不一定是正确、完整、真实的，但是第一印象却是深刻的、持久的，决定着以后的关系。在谈判中也是如此。形象力是决定第一印象的关键因素之一。因此，谈判者要想提升自己的谈判力，首先就要注意提升自己的形象力，让自己能够始终保持良好的谈判形象。

但是在谈判中，很多谈判者更关注谈判技巧，往往忽略形象在谈判中的重要性。

> 庄威是某家房地产公司的销售员，领导安排他与一个客户洽谈合作事宜。为了成功拿下这个客户，庄威查了很多资料，学习了很多谈判技巧。
>
> 庄威和客户约定 9:00 在市中心一家咖啡店见面。因为距离不是很远，8:30 庄威才起床，简单刷牙洗脸后，换了套运动装，拿了一片面包就出门了。
>
> 8:30 ~ 9:00 是上班高峰期，庄威因为堵车迟到了。抵达咖啡店的时候已经 9:10 了，对方看了下手表，显然因为庄威迟到感到不满意。
>
> 看到庄威衣服上的面包屑，对方笑着说："早上该不会是一边跑步健身，一边吃早饭，一边来谈工作吧？"
>
> 庄威笑着说："我这人平时比较随意，所以你也别见外。"
>
> 面对庄威这种不把对方当外人的态度，客户显然有些无奈。两个人简单沟通后，客户说："很抱歉，我对项目本身其实没有太多的意见，但是我们双方的合作可能还需要再考虑考虑。"
>
> 庄威很不解，既然项目本身没有问题，其他什么事情还要做过多的考虑呢？

如果没有良好的形象，再好
的谈判技巧也将无处施展。

**谈判技巧固然重要，但是如果没有良好的形象，你的谈判技巧
也将无处施展。**就像庄威一样，客户之所以要再三考虑，其实并非
因为合作项目存在问题，而是因为庄威这个人存在"问题"。庄威
无论是外在形象还是内在形象，都给对方一种做事不严谨、不靠谱
的感觉，严重影响对方对庄威个人乃至对整个公司的信任。所以，
谈判者不能只关注谈判技巧，还要保持良好的职业形象。

当然，这里所说的保持良好的形象并不是让谈判者一定要像荧
幕上的谈判专家一样，穿得西装革履，而是要保持穿着整洁、得体，
展示出专业的形象。

具体来说，一个专业的形象搭建大体包含两个维度：**一个是外
在形象，另一个是内在修养。**

（1）外在形象

外在形象主要包括以下几点。

仪容： 干净、整洁。这是最基本的要求。至于要不要穿正装取决于眼下谈判的重要程度，以及你和对方之间的关系。一般来说，越重要的谈判要穿得越正式。如果双方是对等关系，那穿着也要对等。如果在关系平衡上你处于弱势，那么建议你比对方穿得更正式一些，以示尊重。但是，不能矫枉过正。即便是非常正式的谈判，男士也不宜佩戴颜色鲜艳的口袋巾或穿一身名牌，女士则不宜浓妆艳抹或者过于浮夸，要让对方关注你的方案而不是你的衣着。盛装出席还是留在谈判成功后的庆功宴上比较合适。

仪态： 恰当、得体。在谈判过程中，对方会根据你的言行举止来掂量你说话的分量。如果你的言行举止不恰当，那么你说的话也很有可能在对方看来没有分量。此外，我们还应当做好表情管理。一般来说，谈判高手都会刻意训练自己不喜形于色，比如不流露出轻蔑、鄙视的表情，因为这些表情都有可能激怒对方，不利于谈判的开展。

（2）内在修养

内在修养主要体现在谈吐上。谈判专家能做到准确表达，言之有物，但是他们并不是能说会道的说客，反而都比较谦卑、温和。我们怎样保持谦卑、温和呢？可以注意说话的音量和语速，说话声音不可太大，语速也不可急促。毕竟你说什么不重要，对方接收到什么才更重要。

在谈判中，最能体现谈判者修养的时候是双方出现不同意见时。不注意谈吐的谈判者，很可能在这个时候与对方争得面红耳赤。这样必然会让对方感觉你没有修养，不尊重他，进而也不愿意与你继续谈判。所以，注意谈吐，提升自己的内在修养，也是谈判者的必修课之一。

良好的个人形象是长期积累下来的，需要谈判者花时间和精力经营和管理自己的日常形象。这虽然不是一件容易的事情，但是绝对是一件值得我们投入的事情。因为你的个人形象，好比一个标签。这个标签不一定准确，但是对于不熟悉你的谈判对手而言，这是他们唯一认知你的方式，并且他们会根据这个标签对你的每句话进行判断，同时决定该如何回应你。

实际上，个人形象不仅对对方有影响，对自己也有一定的影响。我认识一位有几十年丰富经验的谈判专家，他即便是在电话里进行谈判也会穿正装。他告诉我这是他的谈判秘方，因为他发现当他这样做的时候，他会显得更自信。

无论是给对方留下好印象，还是让自己变得更自信，最终目的都是给谈判结果带来积极的影响，达到谈判目的。

02 表达力提升：说话一定要简洁、高效

在谈判过程中，你是否经常遇到下面的情况？

> 有很多想说的话，但是不知该如何表达；
> 明明说了一大堆话，却还没有表达清楚自己的意思；
> 有些问题你自己觉得说得很清楚了，但对方好像并不理解；
> 一旦对方打断你的话，你的思路就会混乱，开始被对方牵着鼻子走；
> …………

为什么会出现这些情况？因为你的表达力欠缺。

在谈判过程中，如果你的表达力欠缺，就很难清晰地阐述你的立场和方案，无法让对方抓住你说话的重点，也无法管理和控制谈判的走向。这样显然很难帮你达到你的谈判目的。所以，要提升谈判力，通过谈判达到自己的目标，话语就必须具备表达力。

表达能力的关键不在于你说了多少，而在于对方接收并理解了多少。

在谈判中，谈判者要尽量言简意赅，不要添加冗余信息，这样只会干扰你的主要议题和诉求。

那么，如何才能做到言简意赅地表达自己的核心观点呢？

（1）遵循表达的逻辑

表达的逻辑，简单来说就是表达的脉络，我们可以沿着这个脉络构建框架，然后可以顺着框架清楚地表达自己的想法。

我们来看一个故事。

> 王子说服父皇，迎娶了邻国的公主。从此，他们幸福美满地生活在一起。几个月前，王子和女巫进行了非常激烈的决斗。在这之前，王子每天非常辛苦地练剑，战斗能力不断提升。因为在这之前，女巫一直想方设法阻止王子与公主在一起，这让王子一心想废除女巫。对了，这个故事发生在一个古老的王国。

看完这段话之后，你一定会感到茫然，就算返回去重新看一遍，可能也不太明白这段话到底要表达什么。这就是一种缺乏逻辑的表达方式，让人理解起来非常困难。但是只要把上面的话的顺序调整一下，构建逻辑，人们理解起来就非常容易。

> 从前有一个古老的王国，王子爱上了邻国的公主。但是邪恶的
> 女巫阻止王子和公主在一起。为了和公主在一起，王子该如何做呢？
> 首先，王子每日练习剑术，提升自己的战斗能力；
> 其次，王子找女巫决斗，并成功战胜了女巫；
> 最后，王子说服了父皇，成功和公主在一起了。

王子说服父皇，迎娶了邻国的公主。从此，他们幸福美满地生活在一起……因为在这之前，女巫一直想方设法阻止王子和公主在一起，这让王子一心想废除女巫。对了，这个故事发生在一个古老的王国。

A.

从前有一个古老的王国，王子爱上了邻国的公主。但是邪恶的女巫阻止王子和公主在一起。为了和公主在一起，王子该如何做呢？首先，王子每日练习剑术，提升自己的战斗能力；其次，王子找女巫决斗，并成功战胜了女巫；最后，王子说服了父皇，成功和公主在一起了。

B.

有逻辑的表达，
能让对方更明白你在说什么。

同样一个故事，换一种表达方式，读起来的感觉完全不一样。差别就在于前者没有表达的逻辑，而后者遵循了表达的逻辑。

（2）简明扼要

用最少的字表达最多的信息，是我们要在谈判中着重训练的一种能力。谈判时，大家的时间都非常宝贵，也面临着很大的压力。如果你不能在短时间内表达清楚自己的意思，对方很可能会失去耐心，你也会失去机会。

所以，如果在谈判中，你不知道如何表达，那就尽量简明扼要地表达。

（3）说话要慢

在沟通中，你说什么其实不重要，对方听到什么，理解了什么才最重要。因此，说话的时候要慢一点儿，让对方能听清你说了什么，而且越是表达关键信息时越要放慢节奏。

我见到过很多人在表达关键诉求时会加快说话的速度，好像生怕对方要打断他一样。这其实是一种不自信的表现。这种情况下，你的诉求自然难以达成。所以，说话一定要尽量慢一点儿，尤其是在表达关键诉求时。

（4）句式要短

谈判不是写作文或者发表演讲，我们其实不用花太多力气去包装说辞，让它显得华丽、委婉动听。实际上，当你在谈判桌上慷慨陈词的时候，你自我感觉良好，但对方听起来可能毫无感觉，而且你说得越多漏洞也会越多，关键是重点也会越不突出。所以，在谈判中，谈判者要尽量用简单的句式，简明扼要地表达自己的想法。

（5）间隙要长

很多人在谈判时喜欢一口气表达好几个观点，或者一连串地问对方好几个问题，结果对方可能什么观点也没记住，或者只会回答你最后一个问题。这样显然不利于谈判顺利推进。所以，在谈判中，我们应当学会刻意停顿。你要知道，你不说话时对方会有压力，也有时间思考你说的话。说完一句话后，要留一些间隙，让对方回味一下，看看他有什么反应。然后，再根据对方的反应决定接下来你要怎么做，怎么推进谈判。

我们可以从以上5个方面去提升自己的表达力。除此之外，我还想分享一个进阶练习：结构化开场。结构化开场一方面可以帮助我们提升表达力，另一方面可以帮助我们高效开场。

虽然我一直强调谈判的重点在于如何解决各方的问题而不在于表达和说服，但如果你能在一开始就言简意赅地说出你想要传递给对方的信息，并且吸引对方注意，是对谈判结果非常有帮助的一件事情。

那么，该如何做一个结构化并且高效的开场呢？大家可以参考 SCQA 模型。SCQA 模型最早是由麦肯锡咨询顾问 Barbara Minto（芭芭拉·明托）于1973年在她的著作《金字塔原理》一书中提出的。SCQA 模型的具体内容如下：

Situation（情景）：目前谈判各方所处的情境；

Complication（冲突）：当下的冲突在哪里；

Question（问题）：怎么办，怎么解决；

Answer（答案）：提案或者解决问题的方向。

Situation
（情景）

目前谈判各方
所处的情境。

Complication
（冲突）

当下的冲突
在哪里。

Question
（问题）

怎么办，
怎么解决。

Answer
（答案）

提案或者解决问
题的方向。

SCQA模型。

S 情景陈述的通常是大家都熟悉的事、普遍认同的事以及事情发生的背景。由此切入既不突兀又容易让大家产生共鸣，产生代入感，然后引出冲突 C。Q 是根据前面的冲突从对方的角度提出他所关心的问题。最后是 A，是对 Q 的回答，也是接下来我们要表达的中心思想。

实际上，很多广告采用的就是这模型。例如，某品牌的奶茶广告。

S（当前的情景）：某员工在工作；

C（产生的冲突）：小饿、小困时间到；

Q（提出问题）：怎么办；

A（给出解决方案）：来一杯×××。

SCQA架构是一个"结构化表达"的工具，除了标准的SCQA模型外，还有一些其他的变形，这里列举比较常见的两种。

第一，开门见山式（ASC）。先说方案，再说情景，最后说冲突。适用于向领导汇报工作或给客户提案，主要是针对一些对方的时间和注意力有限，需要尽快知道答案进行决策的场景。

第二，突出忧虑式（CSA）。先说冲突，再说情况，最后说方案。适用于影响式销售的场景。简单来说就是贩卖焦虑，没有焦虑就创造焦虑。

在平时的表达中，谈判者可以尝试用SCQA模型及其变形进行一些练习，相信你的收益会不局限于在需要谈判的时候。

虽然说服不是谈判中要花主要精力去做的事情，但是能不能清楚地表达自己并让对方理解却是谈判的关键。当然，并不是能有逻辑地表达自己的意思，就能在谈判中达到目的。这只是开启谈判式对话的第一步。

03 倾听力提升：这是一切沟通的基础

管理学研究表明，人们更注重说服、表达、演示，却很少倾听，而谈判是一个双向沟通的过程，既要表达也要倾听。这样才能促进谈判顺利进行，达到各自的谈判目的。可以说，倾听力是没有经过专业训练的谈判者和从事谈判的专业人员的最大差别。

很多谈判者在谈判过程中，更注重表达自己。其实，谈判是否成功，关键还要看谈判者的倾听力。这种倾听力，可以帮助谈判者从对方的言行中找到谈判的空间，判断什么是对方的优先事项，识别出哪里是潜在的突破点。简单来说，倾听力越强的谈判者越能把握谈判的机会，掌控谈判的方向。

什么是真正意义上的倾听力？拥有倾听力的谈判者不只是听到对方表达出来的内容，更能听到对方的言外之意。如何才能听到对方的言外之意？谈判者可以通过以下两个信号接收信息，听出对方的言外之意。

A. 松散性的语言是灵活性的信号。

B. 对方的问题也隐藏着很多信号。

（1）松散性的词语

例如，"可能""很难""暂时""左右"等，这些词都是谈判机会的隐藏信号。如果在谈判过程中，我们能及时捕捉这些信号，将对了解对方的谈判空间和达到我们的目标有很大的帮助。当然，每个人有不同的表述习惯，但是在你把对方的"很难"认定为没有可能之前，还是值得去探究一下到底难在哪里。

所以，谈判者在倾听对方表达时，不可忽视每一个词语，因为这里面可能隐藏你想要的关键信息。

（2）问题背后的问题

当对方问我们问题的时候，我们通常只会想着如何回应，但不知对方的问题其实也隐藏着很多信号。因此，我们在倾听对方提出的问题的时候，要先仔细想一想：对方为什么会问我这个问题？为什么会这么关注这个问题？这个问题背后又隐藏了什么问题？例如，当对方一再表示价格没有任何谈判的余地之后，又问你准备涨价多少的时候，说明他的态度并不坚决，你们还有可以谈判的余地。

所以，谈判者在谈判中不要只关注问题本身，要听出问题背后隐藏的问题。那才是对方在乎的事情，才是谈判的突破口。

04 提问力提升：好问题是破局的关键

你是否在谈判中提过这样的问题或者听到对方提问这样的问题：

> "这真的是你的底价吗？"
> "这个条款是不是很重要？"

如果我们在谈判中提问这些问题，那么无异于搬石头砸自己的脚。你不妨想一下，如果是你，你会怎么回答上面两个问题。你会回答"这不是我的底价"或"这个条款对我来说不重要"吗？显然不会。那么，这样的问题还有提问的必要吗？

提问是提升谈判力的关键，但是这里的提问不是什么问题都能问。像以上两种问题，就是无用的问题。不但无法促进谈判，反而会阻碍谈判进行。因此，谈判者在提问的时候也应当掌握一定的技巧，要提出有效的问题。

那么什么才是有效的问题呢？

（1）开放式问题

开放式问题是相对于封闭式问题而言的，是指问题没有备选答案，需要对方进行深入思考才能回答的问题。如果谈判者要让谈判深入进行下去，就需要提出一些开放式的话题。从语法角度来讲，就是问那些特殊疑问句。

> "我想了解一下为什么这个条款对你这么重要呢？"
> "怎么样才可以缩短贵公司的付款周期呢？"
> "还有什么办法可以解决这个问题呢？"
> ⋯⋯⋯⋯⋯

我们可以通过这些开放式的问题了解更多我们想了解的信

息，而且还能通过这些问题激发对方的思考。相反，如果你只是提问一些用"是"或者"不是"就能回答的问题，你可能什么信息都得不到。

为了更好地理解开放式提问的作用，你不妨尝试旁听你同事的谈判。如果你的同事在谈判的时候提出是非选择题，你可以在旁边提醒他："可以多提出一些开放式的问题。"

（2）直接、具体的问题

除了开放式的问题外，我们也要适当提一些直接、具体的问题。这种问题更简单，更能迫使对方说出真实答案。

> 曾有研究人员做过一个实验，目的是想了解什么是有效的提问方式。场景是一个典型的买卖场景：卖方想卖掉他用了4个月的二手iPad。iPad的保护套完好，里面下载了大量电影和歌曲。iPad的操作正常，但是，曾经有两次死机，导致资料流失。研究员想知道有没有有效的问题，可以问出iPad死机问题。
>
> 研究员提出的第一个问题是：对于此iPad，你有什么可以告诉我的？研究结果是，只有8%的人会告诉他有死机问题。
>
> 另一个问题是：这iPad没有问题，对吧？结果是，61%的人都说没有问题。
>
> 最后一个问题是：这个iPad有什么问题吗？比如损伤、返修等。89%的人会告诉他没有损伤和返修的问题，但是之前有过两次死机重启。很多人还会补充说这是任何电子产品都会碰到的常见问题。

直接、具体的问题，
更能引导对方说出真实答案。

当对方可能试图隐瞒一些真实信息的时候，我们就需要用直接、具体的问题提问，甚至举出一些例子，引导对方说出真实的答案。在谈判中也是如此。当对方想隐藏信息时，我们就要仔细思考，有什么直接、具体的问题，可以帮助我们获取有意义的信息。这个时候，如果问题不够直接，即便是开放式的问题，也无法帮助我们获取有意义的信息。

05 思维力提升：从多个角度考虑问题

思维力是人脑对客观事物间接的、概括的反应能力。当人们学会观察事物之后，逐渐会把各种不同的物品、事件、经验分类归纳，对不同的类型通过思维进行概括。这种能力也是我们解决问题的关键之一。如果我们能找出问题的症结所在，对问题进行准确定位和拆解，那么问题其实已经解决了一半了。这也是一个优秀的谈判者需要具备的关键能力之一。

那么，如何才能提升这种能力呢？我们可以从以下3个角度去提升自己的思维力。

从对方的角度考虑问题。

从旁观者的角度考虑问题。

从事后的角度考虑问题。

如何提升思维力？

（1）从对方的角度考虑问题

谈判其实是双方或者多方通过设定自己的立场，了解对方诉求，并通过沟通不断调整自己的立场解决问题的过程。通常来说，我们提出的方案能解决自己的问题，但是未必能解决对方的问题，从而被对方接受。所以，能不能了解对方的问题，能不能从对方的角度考虑问题，是你的方案能不能破局的关键。因此，为了成功破局，谈判者还应当从对方的角度考虑问题，制订方案。

（2）从旁观者的角度考虑问题

有句话说："当局者迷，旁观者清。"在谈判中也是如此，尤其是当我们遇到冲突，很难打开思路的时候，我们很容易钻牛角尖或者和对方对抗到底。这时，我们更需要摆脱固定思维来思考问题，要培养一种置身事外的心态。你不妨思考下：如果这是你的朋友遇到的问题，你会怎样去帮助他？思考之后，通常你会有意想不到的收获。

（3）从事后的角度考虑问题

我们可能都有这样的经历，以前非常在意的事在事后看来完全不是个事儿。当时费尽九牛二虎之力得到的东西到后来发现没有任何意义，甚至在有的情况下可能还是累赘。既然如此，我们不如在一开始就把当下的问题投射在时间轴上。我们可以问自己：这个事情在当下有什么意义？对以后又会有什么影响？当然，也有可能当前看来没有什么问题的事情，在未来有巨大的潜在风险。

总之，谈判者不要只是把自己的视角锁定在当下的问题和冲突之上，要在空间和时间上做宏观的考量。

06 专业力提升：做好相关领域的知识储备

　　谈判也分领域。你是这一个领域的谈判专家，并不意味着你能胜任另一个领域的谈判工作。例如，一个人质谈判专家就可能很难在商业谈判中如鱼得水，反之亦然。其实并不是因为人质谈判专家的谈判能力不够，而是他在商业领域的专业力不足。

　　谈判是一个非常复杂的专业化过程。谈判中的议题也非常繁杂、多样，很少会只就某一事项，例如价格展开谈判。一般来说，商业谈判的议题会涉及产品的技术要求、服务水平、付款周期、法律条款等。如果我们没有在某一行业或领域的专业知识储备，将很难推进谈判顺利开展下去，而且对方也会认为你不专业，可能会趁机提出不合理的要求，或者根本就不愿意继续与你谈。

　　当然，一个谈判专家很难掌握各个领域的专业知识。那么应该如何做才能提升专业力呢？我建议大家尝试以下几种方法。

1. 组建谈判团队。
2. 发展组织人才的谈判力。
3. 打磨特定领域的专业力。

如何提升专业力？

（1）组建谈判团队

虽然我们没有办法成为每个领域的谈判专家，但我们可以找来所需领域的专家和我们组成一个谈判团队。例如，产品专家、服务专家、财务专家、法务专家等。谈判团队如何组建、如何搭配、如何分工，具体要看当下谈判所涉及的范围和重要程度。因此，在谈判之前就需要在团队内部进行充分的准备和筹划。

具体来说，需要对信息进行搜集、分析、总结，然后做好角色分工，确定谁是主谈，由他来领导和统筹整个谈判；谁是副手，由他来帮助主谈问问题和争取思考时间。如果可以，我们在谈判时最好带上一位观察员，他可以对谈判进行分析和解构，为主谈出谋划策。需要注意的是，主谈人一般不是领导，尽量不要由领导做主谈。

（2）发展组织人才的谈判力

很少有组织有专门的谈判人才。在商业领域中，比较常见的做法是请专业谈判顾问来帮助。但是，这种做法一般是针对比较大型的谈判的，不可能大大小小的谈判都请外部的专业顾问来帮忙。因此，最好的办法还是在组织内部提升相关人员的谈判力。例如，通过系统性的谈判技巧培训以及实战演练，对经常需要谈判的人员进行赋能和训练。

（3）打磨特定领域的专业力

如果你是一名专业的谈判人员，那么你就需要在你选定的领域和行业做好知识储备和经验积累。例如，医疗行业和汽车行业要谈的内容就完全不一样，通信行业和零售行业要谈的内容也不一样。

这里说的知识积累其实主包括以下几点。

在这个领域有什么内容可以谈？

你预备的条款够不够多？

你是否知道每项条款对各方的成本和价值？

该如何去做对价和交换？

搞清楚自己和对方的优先级。

摸清对方不同诉求的虚实。

这些才是能体现你专业度的地方。

作为一名专业的谈判人员，需要积累自己在特定领域的知识储备和专业能力。作为一名不是从事谈判工作的其他人员，你需要提升谈判相关的一些通用技巧，例如提问技巧、倾听技巧、建议技巧、探底技巧等。

07 抗压力提升：怎样才能做到临危不乱

在很多情况下，谈判是一种心理博弈。谈判者要想在这场心理博弈中达到自己的目标，就必须提升自己的抗压力，让自己能在对方施压的时候做到临危不乱，稳住节奏。

那么如何才能提升自己的抗压力呢？

（1）沉默原则：不知道怎么回应就不回应

有学员曾问我："在压力之下该怎么回应？如何才能做到随机应变？"我的建议是，不知道怎么回应就不回应。千万不要乱回应，尤其是当对方可能有意给你"挖坑"的时候。

现实中的谈判与影视剧中的谈判大不一样，我们一般看到的不是随机应变，而是翻车现场。所以，如果对方在用言语挑战你甚至拍桌子，那么你不妨试试什么都不做，什么都不说。然后，不卑不亢地看着对方，等对方"表演"完再提出你准备好的方案。试试看，这样做会有什么不一样的收获？

很多时候你越反扑对方越强硬，而且有的人习惯先给你一个下马威再对你示好，如果你在他正给你下马威的时候介入，你很可能会因为打断了他而无法达到自己的谈判目的。

此外，不要以为在双方陷入沉默的时候只有你有压力，实际上对方也有压力。这对双方来说都是一个困境。我见过很多次在这种沉默的尴尬中，施压方会忍不住给出"解药"，或者给你一个解决方案的方向提示。相反，如果你不懂得沉默，你就会错失这样的突围机会。

（2）对等原则：以其人之道，还治其人之身

在谈判中，我们经常要面对对方提出的很多诉求和条件。这些诉求和条件，有的是合理的，有的是不合理的。但是，即便都是合理的，也不一定所有诉求都是对方要求必须满足的。同样，很多时候我们提出的诉求也是这样。因此，在一开始的时候，我们可以向对方多提一些要求也无妨。看看哪些是对方能接受的，哪些是对方不能接受的。这样可以进一步试探对方的底线。

如果对方也这样做，我们又该如何应对对方的施压呢？其实你也可以根据对方的诉求提出你的条件。**如果是合理的诉求，就提合**

理的条件；如果是不合理的诉求，就提不合理的条件。 重点在于你的条件能不能和对方的诉求对价。

例如，我们要求 5% 的降价。你可以和对方说："如果你们可以增加 5% 的份额或者采用预付款的方式，我们可以考虑你们的要求。"

如果是不合理的诉求，
就提不合理的条件。

提出反制方案之后，你要注意对方的反应。如果对方说"你的条件更不合理"，或者说"那先看下别的诉求"，就说明这可能不是对方的必须诉求。

这种策略其实就是典型的对等策略，就是以其人之道，还治其人之身。但是，谈判者要注意，在运用对等原则的时候，如果你不希望导致僵局，就需要注意你的态度，避免硬碰硬的态度。因为如果你没有压倒性的实力，这样做只会导致对方更加强硬。当然，更好的做法是立场坚定，态度缓和。

（3）提议原则：**用主动出击扭转被动局面**

提议原则其实是不回应对方的一个进阶做法。当你在对方的压力之下，就意味着你在对方的节奏之中。这个时候，无论你怎么挣扎都处于一种被动挨打的局面。怎么才能扭转这种局面呢？答案其实很简单：直接提出建议！没有人说你非要回应对你有压力的问题不可。如果你做好了准备，那不妨直接提出你的建议，让对方去思考你的建议。也就是说，你可以通过主动出击让对方进入你的节奏。

此外，谈判者要注意，不要将提议原则等同为岔开话题，它与岔开话题有本质的区别。岔开话题往往会显得过于生硬，而且对方很快就会发现你是在顾左右而言他，结果往往是还没等你岔开话题，就又被对方给拽了回来。所以，千万不要将提议原则与岔开话题画上等号。提议的正确做法是，提出切合实际的具体建议。只要你的提议能令对方感觉到是在有诚意地解决问题，那么他就可能有意愿与你继续谈判。即使对方开始与你争论，认为你的提议不合理，至少谈判桌上终于开始讨论你的提议了，而不是争论其他没有意义和价值的事情。

08 场景力提升：掌握不同形式的谈判技巧

随着科技的不断发展，人们谈判的渠道早已经不再局限于面对面谈判。为了节省时间，提升谈判效率，越来越多的人喜欢借助科技手段进行谈判，例如电话会议、视频会议、电子邮件、微信语音等多种形式的谈判。

不同谈判形式有不同的特点。因此，我们要了解这些谈判形式的不同之处，并根据这些不同采取对应的谈判技巧，以达到自己的谈判目的。

谈判场景	谈判技巧
面对面谈判	通过对方的语音、语调、表情、肢体动作、和其队友的交流等多种维度的信号获取信息；也可以通过这些方式向对方传递信息。
电话谈判	尽可能用语言去传递更多的信息。
视频谈判	电话谈判的策略同样适用于视频谈判，同时注意肢体语言、环境和设备测试、网络安全问题以及保持专业形象。
文字谈判	结合其他谈判场景使用效果更好。

不同形式的谈判技巧。

（1）面对面谈判：信息更多，压力也更大

面对面谈判与非面对面谈判最大的区别在于面对面谈判可以采取更丰富的表达方式，获取更全面的信息，更不容易产生误会，但同时也会带来更大的压力。

面对面谈判可以通过对方的语音、语调、表情、肢体动作、和其队友的交流等多种维度的信号获取信息。你也可以通过这些方式向对方传递信息。总之，信息的载体和表达的方式都比较丰富，这是其他谈判形式很难做到的。与此同时，你的这些信号也会曝光在对方的视线中，而且你还要面对现场决策，无法向场外求助的压力。

一般来说，面对面谈判形式适用于以下 4 种谈判场景。

第一，比较正规、正式、重要的谈判。

第二，需要双方投入较多人员的大型谈判。

第三，耗时较长，例如需要进行一整天的谈判。

第四，处理严重的冲突事件和解决复杂的问题的谈判。

这里需注意，尽量不要把初出茅庐的谈判新手毫无保护地曝光在面对面谈判的场景中。这样很容易让对方看穿他缺乏谈判力，进而可能对他采取一些令他无法应对的手段，让谈判新手措手不及。

（2）电话谈判：语调和节奏的重要程度大幅提升

电话谈判相较于面对面谈判，在增加便捷性的同时，显然失去了很多视觉上的信息。那么如何弥补这种不足？**尽可能用语言去传递更多的信息**。谈判者可以参考以下几种电话谈判策略。

第一，尤其注意你的语音语调，要有节奏有空隙，要不对方根本听不到重点。

第二，表达要更简洁，人们在电话中往往更没有耐心。

第三，更要集中注意力，稍微走神，就会遗漏重要信息。

第四，及时澄清和确认对方的表述，电话谈判是最容易产生误解的方式。

第五，为了避免被打断，把条件置于方案之前，不要先答应对方的诉求再提条件，你可能根本没有机会。

第六，做好记录，例如录音和笔记可以帮助你在挂上电话之后继续消化和解读谈判的内容。

（3）视频谈判：体验更丰富的电话谈判

现在视频谈判也越来越普及。2020年，视频谈判也变得越来越主流，甚至G20国家元首的会议也首次采用了视频会议的形式。

视频谈判的效果介于面对面谈判和电话谈判之间，既有电话的便捷性，又有面对面谈判的丰富体验。但是，有一些微妙的体验还是欠缺的，如握手的力量、一起喝咖啡建立的共同体验等。同时，也没有办法进行大规模和长时间的谈判。因此，我更倾向把视频谈判看作一种体验更加丰富的电话谈判，而不是面对面谈判的替代方案。所以，电话谈判的策略同样适用于视频谈判。但是除此之外，视频谈判还应当注意以下几点。

第一，注意肢体语言。很多人在谈话时会有很多肢体动作，这在面对面谈判时没什么问题，可以展示热情和信心。但是，在视频谈判时，对方只能通过屏幕看你，太多的肢体动作令对方眼花缭乱，注意力不集中。这样必然会影响谈判效果。另外，眼神接触在视频谈判中也很重要，可以体现你的真诚，所以，说话时除了盯着屏幕，也可以时不时地看着镜头。

第二，环境和设备测试。 视频谈判对通信的要求比电话谈判高得多，因此，在谈判前你需要和对方一起测试连接，要检查视频的质量和音量等。此外，还要找一个安静不会被打扰的环境进行视频谈判，如家里的书房。做好这些准备，可以让谈判更高效而且专业。

第三，网络安全问题。 视频会议虽然越来越火爆，但不是所有平台都准备好了如何应对这些流量。这个时候，专业黑客也会热衷于寻找系统漏洞（以前视频会议不太流行时找到漏洞也没价值）。大企业有专业团队保障信息安全，这方面的问题不大。但是，中小型企业用视频谈判前就必须确保网络安全问题。解决这个问题的最好方法，就是交给专业的网络安保顾问。

第四，保持专业形象。 在视频谈判中，同样要注意仪容和着装。这可以让你保持专业度，千万不要因为对方只能看到你的脸而放松警惕。谈判的内容和技巧仍然是重点，不要放松对自己和团队成员专业力的要求。

（4）文字谈判：表述更精确，但对方不一定能准确理解

在日常工作中，我们常常会用微信、邮件等形式进行谈判。这就是文字谈判，其主要有以下几个特点。

第一，节省时间，甚至可以利用碎片化时间进行。

第二，能够通过文字更精确地表达自己的要求，也更有逻辑。

第三，有更多思考、斟酌和做决策的时间。

第四，不好判断对方说话的语气。

第五，不好判断对方的优先级和底线。

单纯从沟通过程中传递信息的丰富程度来说，肯定是面对面 > 视频 > 电话 > 文字。就拿一对异地情侣因为误会而吵架来说，即便双方已经非常熟悉了，但是如果想消除误会挽救这段关系，微信上发信息说就不如直接打个电话说，打电话说又不如通过视频说，视频沟通又不如直接去找对方当面说。

从实际考虑，我们很难做到无论什么问题或什么情况下都可以直接找对方进行面对面的交流，所以我建议结合这些不同的谈判形式展开谈判。例如，在正式谈判之前通过邮件把你的主要议题发给对方，确定谈判的主要方向。同时也可以给谈判打下很好的基础。然后，再通过面对面的谈判去处理那些复杂棘手的各种问题。一次面对面会议可能并不能解决所有问题，你们可能又要各自回来进行重新筹划和调整，再通过视频和电话的方式对于一些细节问题进行澄清和确认。最后，你们又坐到一起，敲定所有的细节问题并签字确认。我们需要做的，就是在不同情况下，采取合适的谈判方式。

当然，生活中还有各式各样的谈判场景，并不是非要坐到谈判桌上才是谈判。你和客户在饭桌上交谈、处理孩子不愿意做作业的情况、二手房的买卖、夫妻之间对假期出行计划的争执……都可以运用谈判的方式或谈判的沟通技巧确定自己的谈判目标，了解对方的真实需求，建立共同的基础，处理冲突，化解矛盾，甚至在此基础上通过交换条件创造更多的价值，并且强化双方的关系。这就要求我们在日常生活和工作中，不要畏惧冲突，也不要畏惧谈判，要把当下的问题当作一个你练习谈判的机会。

本章总结

1. 谈判技巧固然重要，但是如果没有良好的专业形象，技巧可能无处施展。

2. 表达力的关键不在于你说了多少，而在于对方接收并理解了多少。所以，表达一定要做到简洁、高效。

3. 倾听力越强的谈判者越能把握谈判的方向。

4. 谈判的形式不同，谈判者需要掌握的技巧也不同，真正有经验的谈判者，要掌握多种形式的谈判技巧，学会使用"组合拳"。